DE VUELTA A LA VIDA

GILVANIZE BALBINO PEREIRA

Romance Dictado por el Espíritu

SAÚL

Traducción al Español:
J.Thomas Saldias, MSc.
Lima, Perú, Abril, 2024

Título Original en Portugués:

"De volta para a vida"

© Gilvanize Balbino Pereira, 2016

Traducido al Español de la 1ra Edición Portuguesa

World Spiritist Institute

Houston, Texas, USA

E–mail: contact@worldspiritistinstitute.org

Del Traductor

Jesus Thomas Saldias, MSc., nació en Trujillo, Perú.

Desde los años 80's conoció la doctrina espírita gracias a su estadía en Brasil donde tuvo oportunidad de interactuar a través de médiums con el Dr. Napoleón Rodriguez Laureano, quien se convirtió en su mentor y guía espiritual.

Posteriormente se mudó al Estado de Texas, en los Estados Unidos y se graduó en la carrera de Zootecnia en la Universidad de Texas A&M. Obtuvo también su Maestría en Ciencias de Fauna Silvestre siguiendo sus estudios de Doctorado en la misma universidad.

Terminada su carrera académica, estableció la empresa *Global Specialized Consultants LLC* a través de la cual promovió el Uso Sostenible de Recursos Naturales a través de Latino América y luego fue partícipe de la formación del **World Spiritist Institute**, registrado en el Estado de Texas como una ONG sin fines de lucro con la finalidad de promover la divulgación de la doctrina espírita.

Actualmente se encuentra trabajando desde Perú en la traducción de libros de varios médiums y espíritus del portugués al español, habiendo traducido más de 310 títulos, así como conduciendo el programa "La Hora de los Espíritus."

Índice

¿Quién es Saúl? 7
Breve Relato 8
Nuevo Encuentro 12
Con Permiso 15
CAPÍTULO 1 Entendiendo el Escenario 17
CAPÍTULO 2 El Encuentro 22
    Comienzo de una historia 22
CAPÍTULO 3 El Té de la Tarde 28
    Un encuentro de luz 28
CAPÍTULO 4 Deseos, Ambientes en Alerta 38
CAPÍTULO 5 Breve Reflexión sobre el Sexo 50
CAPÍTULO 6 Después de una Noche de Orgía, la difícil realidad 60
CAPÍTULO 7 Sublime Reaproximación 68
CAPÍTULO 8 Desvío de Ruta, Triste Accidente 74
CAPÍTULO 9 Cuando el Amor vence las Sombras 87
CAPÍTULO 10 Muchos caminos y Sinuosas Elecciones 97
CAPÍTULO 11 Día Triste 104
    El Aborto 104
CAPÍTULO 12 Dolorosa Crisis de la Enfermedad de Alzheimer 115
    Fuerte influencia de la oscuridad 115
CAPÍTULO 13 Entendiendo la Violenta Persecución 126
CAPÍTULO 14 El día a día 137
    Realidad Violenta 137
CAPÍTULO 15 Alterar el Rumbo de la Vida para seguir Viviendo ... 144
CAPÍTULO 16 Doña Luísa y el Cambio de Actitud 154
CAPÍTULO 17 Difícil Realidad 160

Ingrata Separación 160
CAPÍTULO 18 La Historia de Clara 170
CAPÍTULO 19 Iluminado encuentro. Definición de la Ruta 178
CAPÍTULO 20 Preparación para enfrentar a Yara 187
CAPÍTULO 21 Después de las Murallas, la gran Confrontación 202
CAPÍTULO 22 Superando el Pasado, escribiendo una Nueva Historia 216
CAPÍTULO 23 Viviendo un nuevo mundo para todos nosotros 226
La Ciudad de Jade 236
Todo sobre el Pase 238
    Consejos para recibirlo y beneficiarse de las vibraciones de la espiritualidad superior 238
El Pase 242
Índice Bíblico 244
La enfermedad de Alzheimer 246

Los errores o aciertos de la vida son el ahora; y el ahora es la oportunidad que tenemos de esperanza y recomenzar.

Debemos continuar con confianza y guardar todas nuestras ansiedades para dar lugar a un nuevo comienzo, sin olvidar nunca de dar gracias.

¿Quién es Saúl?

Saúl trabajó en todas sus encarnaciones como un médico respetado, experimentando experiencias en Grecia, Roma y España. En cada uno de ellos no escatimó esfuerzos para ayudar a los demás con amor, respeto y dedicación.

Responsable de los grupos de rescate de Ciudad Jade, siempre buscó combinar el conocimiento médico con las enseñanzas de Jesús, fundamento de sus vidas.

Se acercó a la médium Gilvanize Balbino con la misión de instruir, acoger y ayudar a los demás. Al empezar a escribir, inicialmente había pedido que se preservara su identidad. Su identidad fue revelada debido a varias solicitudes, tanto del mundo físico como del espiritual. El objetivo de Saúl al firmar los libros es evitar incitar a conclusiones personalistas en los círculos religiosos, provocando una confusión infundada que no tiene valor doctrinario. Aquí Saúl solo deja su huella a través de una valiente labor apostólica.

Breve Relato

Amigos, rodeados de la luz de la fe, creyendo eternamente en las enseñanzas de Jesús y felices de poder regresar a sus manzanas, doy gracias al Señor por este momento y oro para que nos bendiga.

Abrir otra gran obra de mi eterno amigo y hermano en Cristo, Saúl, es una bendición de la que no puedo prescindir.

Compañero de innumerables viajes, Saúl siempre demostró amor incondicional a Jesús y a su prójimo sin distinción.

Aquí en estas páginas verdaderas no sería diferente, con mucho respeto y comprensión de las ideas ajenas, profundiza en temas de actualidad que aun perturban muchos corazones y, a veces, distorsiona el camino de los hijos de Dios, dirigiendo a ellos las sombras.

Saúl, con desapego y compasión, registra la importancia de la vigilancia, la oración, los cambios de actitud necesarios para la evolución del espíritu, el mantenimiento de la fe y la presencia de Jesús en nuestras vidas.

Por designación de esferas superiores, reunidas en la Ciudad de Jade, le encomendamos a este amigo la tarea de traer hasta la actualidad la historia de algunos personajes del libro *El Símbolo de la Vida*[1] escrito por mí y Bernard quien siempre estuvo

---

[1] Nota de la médium: El libro *El símbolo de la vida* de los espíritus Ferdinando y Bernad, psicografiado por Gilvanize Balbino y publicado por el *World Spiritist Institute* en español.

presente en mi lado, ya que tenemos un gran compromiso con el cristianismo desde hace muchos años.

Me corresponde aclarar que el lector encontrará aquí el regreso de los siguientes personajes:

Yara conserva su nombre y se prueba la ropa del gran Líder Oscuro que creó el mundo oscuro, *Un mundo para nosotros dos*;

Demetria, quien regresa en esta historia como Alberto;

Adelina también conserva su nombre y experimenta en el mundo espiritual al guardián de las tinieblas, sometido a las órdenes de Yara;

Zafira, la madre patológica de Adelina, vive aquí la experiencia de la benévola Rita;

el hijo temporal de Demetria y Adelina en estas páginas vive Alex;

Débora, quien ilumina esta historia como el benéfico fuerte benefactor espiritual que intercede en el mundo espiritual a favor de la liberación de Adelina y Yara de la oscuridad a la luz;

Ambrosio, benefactor que, en el mundo espiritual, apoya la labor del grupo de rescate de Saúl en la difícil tarea de romper la oscuridad sembrada por Yara;

Hermes, un gran amigo que se reencarna en el médico Néstor; convertido al Espiritismo, es capaz de indicar un camino de luz a los personajes de esta historia;

Tercio, hermano de Ambrosio, regresa a la Tierra como hijo de Clara y Alberto;

Abdías conserva su nombre y, desde aquella experiencia como amigo del personaje Daniel, luego de denunciar al apóstol Marcos ante los guardias que lo seguían, su mente cristalizó en un profundo arrepentimiento, en medio de la oscuridad que sucumbió a su mente;

Saúl y su equipo recibieron la misión especial de disolver una región de oscuridad liderada por Yara, llamada *Un mundo para nosotros dos*, y aquí, usted, el lector, encontrará un ejército de luz atravesando las sombras y haciendo prevalecer la fuerza del amor.

Sin extenderme más en este preludio, encomiendo sin pretensiones este gran encuentro de luz en tus manos, querido lector, mientras suplico a Jesús que aun pasando por situaciones difíciles:

¡No desistas!

Incluso si las sombras visitan temporalmente tu corazón, persiste.

Confía, porque Jesús está siempre a tu lado.

Confía, porque la noche oscura siempre anuncia un día de luz para quienes perseveran y avanzan.

Confía, porque nadie sufre en la Tierra sin la ayuda del Señor.

Confía, porque mañana siempre será un nuevo día para quienes no renuncian a vivir.

¡No desistas!

Si la muerte se acercó a ti y quitó de tu vida un dulce amor de tus días, confía en el Señor, porque quien amas, devuelve a Dios lo mejor de ti, aunque sea alguien a quien amas. Por supuesto, todavía está vivo mucho más allá de su tristeza.

¡No desista!

Quien vive con Jesús siempre alcanzará la victoria, y quien trabaja en nombre del Señor encontrará el triunfo en la certeza que el trabajo es el camino que renueva y eleva a cada niño hacia el Señor.

Por eso, aunque los días parezcan sombras interminables, mañana el Señor nos ofrecerá una nueva oportunidad para que sigamos y encontremos la felicidad con la fe.

Ferdinand, São Paulo, mayo de 2015.

Nuevo Encuentro

Querido lector, después de la página de mi amigo y maestro Ferdinand, no puedo omitir las lágrimas de emoción que involuntariamente marcan mis mejillas.

Con gran alegría e indescriptible agradecimiento, vuelvo a vuestras manos a través de estas páginas verdaderas y sencillas, trayendo una historia real, utilizando el instrumento de la mediumnidad como forma de romantizar el dolor y suavizarlo ante los hechos, que en muchos casos situaciones que no podemos cambiar.

Cuando me pidieron que escribiera esta historia, aunque me sentí honrado, no puedo omitir el hecho que soy consciente que no soy escritor. Por esto, de antemano pido al lector que me perdone, ya que soy solo un hijo de Dios, que da origen a todas las vidas que he recibido como un regalo de Dios, ejercí las funciones de médico y ahora estoy en la posición de quien busca en Jesús ayudar a los demás sin pretensiones.

Sin embargo, el hecho que nunca estaré solo en ninguno de mis emprendimientos, agradezco al Señor de rodillas y manos, por la presencia de Ferdinand y de muchos amigos de la Ciudad de Jade que, a mi lado, siempre me apoyan y hacen regalos aquí.

Después de regresar a mi patria espiritual, aprendí la importancia de combinar el conocimiento médico con el amor de Cristo y, es este pilar cristiano en el que me apoyo para realizar todas las tareas que me asignan.

En este maravilloso trabajo, organizado por un equipo iluminado en mi mundo, traemos reflexiones sobre los temas, entre otros, que involucran problemas vinculados a las relaciones, la obsesión, el sexo, el aborto, con respeto y comprensión y, sobre todo, develar algunos supuestos misterios sobre una enfermedad actual conocida como enfermedad de Alzheimer. En torno a estos temas, observamos cómo los corazones profundizan en los testimonios de sus vidas e involucran una o más vidas sufren el dolor de pasiones abrumadoras que se considera que no tienen cura.

Al referirnos al sexo, buscamos con mente disciplinada permanecer fieles a los principios cristianos y a los fundamentos del Espiritismo, cuando Allan Kardec cuestionó a los espíritus acerca de: "¿Los Espíritus tienen sexos? No como ustedes lo entienden, ya que los sexos dependen de la organización.

Hay amor y simpatía entre nosotros, pero basados en la concordancia de sentimientos."[2]

Como siempre lo practicamos yo y los autores de Jade, para respetar las individualidades y los lugares que componen estas páginas, se han preservado los personajes y regiones aquí presentados.

Los textos fueron organizados de tal manera que el lector se identifique y se encuentre en la historia, ya que los temas aquí mencionados pueden haber sido experiencias de muchos a lo largo de sus vidas actuales. Sin embargo, nunca expondría a los personajes para no perturbar sus viajes terrenales y espirituales. Por eso pusimos mucho cuidado en modificar los escenarios, nombres y localizaciones, sin alterar ni un ápice de la realidad.

Amado lector, pido que encuentres aquí, además de consolar tu corazón, instrucción suficiente para comprender los

---

[2] Nota del autor espiritual (Saúl): KARDEC, Allan. *El Libro de los Espíritus*. Federación Brasileña de Espíritu (FEB). Río de Janeiro: 1995 – pregunta 200.

designios de los cielos, para aceptar lo que no puedes cambiar, pero nunca rendirte, porque Jesús es el conocedor de los corazones y con Él nada faltará.

Saúl

São Paulo, mayo de 2015.

Con Permiso

Amigos, pido permiso para ocupar este espacio en medio de tanta sabiduría y amor que Saúl puso en este libro para todos nosotros, pero no podía dejar de agradecer:

A Dios, por la confianza.

A Jesús, por su legado de sabiduría, amor y fe.

A los Maestros de lo invisible y a los ancestros, por la instrucción, por el amor sagrado y eterno que con gracia derraman en nuestros corazones, guía.

Danos la luz del cristianismo.

A mis bienhechores espirituales, por su amorosa ayuda, porque sin ellos no podría ni sostener una simple pluma ni seguir sintiendo el maravilloso perfume de la vida.

A los equipos de trabajo que participaron en la elaboración de este trabajo.

Como amigos de la Tierra, por su paciencia en momentos de alegría o tristeza.

Principalmente, una persona muy especial, que supo llenar con amor, paciencia y compañerismo los espacios vacíos que hasta entonces nunca habían sido tocados ni explorados por nadie.

A toda la Humanidad por la oportunidad de participar en él.

Con cariño: solo le pido a Jesús que acepte mi gratitud.

Gilvanize Balbino

São Paulo, mayo de 2015.

Nunca permitas que tu corazón se separe de Jesús, porque después del cerro oscuro siempre habrá un nuevo amanecer.

Espíritu de Raquel

CAPÍTULO 1 Entendiendo el Escenario

Caminando por el mar de Galilea, vio a Simón y a André, el hermano de Simón. Echaron la red al mar, porque eran pescadores. Jesús les dijo: "Venid y seguidme, y os haré pescadores de hombres. E inmediatamente, dejando las redes, le siguieron."

Marcos, 2:16– 17

En aquella época, en una ciudad del interior de São Paulo que llamaremos con el nombre ficticio de Leopoldo de Alcántara, la peste central era manejada por el celo de la limpieza, por el andar de la gente tranquila y por los árboles que cantaban al son de la suave brisa mientras mecían sus hojas, anunciando la llegada del nuevo otoño. En el centro, un solitario quiosco de música ostentaba imponencia y belleza.

Dividiendo el escenario, una enorme fuente deslumbraba al soltar altas aguas y hacía que su sonido repartiera armonía al lugar, haciendo que el espejo de agua recibiera las gotas que se sumergían sublimemente en los rayos del Sol.

Las bancas a su alrededor invitaban a la gente a sentarse y perderse durante horas en sus pensamientos, recuerdos e incluso oraciones.

Dividiendo este escenario, un jardín bien cuidado ofrecía hermosos colores debido a los macizos de flores y los árboles que no rehuían florecer. Los pájaros también tuvieron su especial protagonismo. Acomodados de rama en rama, cantaban alegremente juntos; parecían una sinfonía bien afinada y bien organizada, que calmaba los corazones de quienes pasaban.

La gente común paseaba a sus mascotas y observaba a los niños jugar felices de un lugar a otro, igual que comiendo, otros actualizaban la información cotidiana, sonriendo y, a veces, tristes.

Para los vecinos de Leopoldo de Alcántara, la plaza era el punto central de reunión y mantenimiento de las redes sociales en ese lugar.

Separada de la plaza central por una pequeña avenida, se encontraba la iglesia principal. Un edificio imponente, el amarillo de sus paredes era un referente para cualquier punto de la ciudad. El reloj en el frente agregaba una belleza extraordinaria, como los edificios ingleses, y el gran crucifijo justo encima registró su grandeza. Puntualmente, al mediodía y a medianoche, el sonido del campanario es el sonido de las campanas, a excepción de los domingos, que repican al inicio de cada celebración religiosa predefinida, de acuerdo con las normas locales para anunciar la llegada del momento de la oración.

Las actividades caritativas de la iglesia, organizadas por el párroco local Osvaldo, tuvieron mucha influencia en la cultura de la región y crearon un ambiente rural típico de la ciudad. La opinión del sacerdote cambió las actitudes familiares, incluso en la dirección política y social de esos lugares.

El lugar era conocido en los alrededores por promover diversos eventos, destacando las exposiciones de autos y motos que lo convirtieron en un punto de encuentro para gente madura y, especialmente, jóvenes amantes de las ruedas.

~ O ~

En un barrio exclusivo, no lejos de la peste, vivía Rita, una distinguida señora madura, esbelta y de apariencia sencilla. Su rostro tranquilo acentuaba la apariencia de una persona que lucha por su sufrimiento diario, pero no le restaba simpatía.

Con gran celo trabajó como costurera. Era conocida en la ciudad y la región por su hermoso y esmerado trabajo en vestidos de damas de honor, madrinas y fiestas. Muchas novias, llenas de esperanza, buscaron con ella hacer realidad parte de sus sueños. Vivía para su familia y para su marido Alberto, un ejecutivo que trabajaba en una gran empresa ocupando un puesto destacado. Un hombre orgulloso, que hizo de la evidencia social la razón de su vida y el gran valor de sus días. Para lograrlo, no midió sus acciones para lograr una vida refinada.

Sin embargo, la vida diaria de Rita era ardua. Entre las tareas del hogar y el intenso cuidado de su madre, la señora Amelia, quien en ese momento se encontraba enferma, padecía una enfermedad degenerativa conocida como Alzheimer.[3]

Rita era la madre de Sabrina, una joven pequeña, de tez clara, cabello y ojos castaños, resaltados en su rostro delgado. Poseedora de una belleza sencilla, fue criada por su madre dentro de un conjunto de valores y reglas, convirtiéndola en una de las jóvenes más buscadas por la sociedad local, pero se mantuvo modesta y casi no participaba en los alborotos sociales relacionados con su edad.

Con una refinada educación y por recomendación de sus padres, especialmente Alberto, su padre, había estudiado en las mejores instituciones educativas, lo que le ayudó a ingresar a la universidad y estudiar Pedagogía.

---

[3] Nota de la médium: con el objetivo de contribuir al esclarecimiento de la enfermedad de Alzheimer, así como apoyar a las personas que viven esta experiencia en sus familiares o amigos, al final de este libro, se incluye un resumen e indicación de un sitio donde el lector puede acceder a información importante que puede agregar mucho valor.

Unida a su madre, en el tiempo que se le permitió, se dividía entre las tareas de la comunidad de damas católicas y las actividades caritativas que organizaban.

~ O ~

Cerca vivía Fátima, la mejor amiga de Rita y madrina de Sabrina. Era una mujer madura, de baja estatura. Descendiente de italianos, no podía ocultar los rasgos napolitanos en su rostro redondeado y colorado, que resaltaban su simpatía. Era conocida por las delicias que elaboraba para ayudar en la panadería de su marido, Ricardo, quien había heredado el negocio de sus padres.

Era un portugués menudo y trabajaba duro, de pocas palabras o expresiones emocionales. Su panadería estaba cerca de Praga y era conocido por la gastronomía portuguesa, especialmente por la *bacalhoada* que prepara para su esposa. La receta la había heredado de su abuela materna, y Ricardo se encargaba de mostrar con orgullo este manjar a cada cliente que llegaba hasta allí.

Con éxito en su negocio, en aquel momento había montado en São Paulo un restaurante especializado en cocina portuguesa, lo que le obligaba a alternar con su esposa los viajes entre Leopoldo de Alcántara y la capital de São Paulo.

De esta unión nació Adrián, un joven de veintitrés años, alto, de tez morena. Sus ojos verdosos, su cabello lacio y claro le daban a su rostro rasgos propios de una estatua griega, esculpida por el renombrado artista. Visiblemente adoraba su cuerpo bien cuidado y no ocultaba su vanidad.

Aunque era sumamente inteligente, no pudo ingresar a la universidad, pero luego de varios intentos fallidos y debido a la imposición de sus padres, logró inscribirse en una institución de la ciudad vecina, en el curso que más le gustaba – ingeniería – y, los fines de semana, regresaba a su ciudad, donde, como amante del motociclismo, desfilaba por las calles de la ciudad haciendo alarde de riqueza y soberbia.

Adrián y Sabrina crecieron juntos, estableciendo una relación de amistad y cariño entre Fátima y Rita, fortaleciendo los lazos de amor como si fueran verdaderas hermanas en Cristo.

Sin embargo, Fátima no ocultó su preocupación por la relación de su hijo con su marido, que cada día intensificaba los conflictos y el distanciamiento.

Ricardo no estaba de acuerdo con las elecciones y actitudes de Adrián y soñaba con que continuara con el negocio familiar, pero ya se había dado cuenta que sus objetivos paternos tal vez no se alcanzarían y le correspondía, en silencio, aceptar y continuar.

Fátima, en busca de alivio y paz para su familia, descubrió el Espiritismo y buscó apoyo en una institución espiritista que había sido destruida en la ciudad. Su actitud generó grandes rumores en la ciudad y descontento en la sociedad predominantemente católica.

Las feligresas, con feroces prejuicios, debidamente guiadas por el párroco local, se alejaron de Fátima. Pero Rita, a pesar de seguir asistiendo a las reuniones de apoyo de la iglesia, se mantuvo fiel al lado de su amiga.

Así, estos personajes continuaron viviendo el día a día, afrontando las dificultades, buscando construir en torno a sus corazones un ambiente familiar bañado de paz y unidad.,

CAPÍTULO 2 El Encuentro
Comienzo de una historia

Jesús, al verlo, dijo al paralítico: Hijo, tus pecados te son perdonados.

Marcos, 2:5

Esa tarde, Rita, ferviente practicante católica, luego de terminar la clase de artes manuales que voluntariamente imparte a las damas de esa comunidad, se despidió del padre Osvaldo y caminó relajadamente por la escalera principal de la iglesia acompañada de una amiga llamada Elen.

Mientras tanto, Fátima, que pasaba por allí, vio a Rita, inmediatamente y alegremente, se acercó:

– Querida – dijo Fátima sin ocultar su felicidad –, es un placer encontrarte. Perdóname, porque desde la semana pasada, cuando hablamos, no he tenido tiempo de ir a tu casa. Esa panadería me deja sintiendo tonta y ahora que Ricardo ha abierto esa tienda en la capital, no tenemos tiempo para casi nada. Divide la semana, se queda aquí tres días y luego en São Paulo. Como quedamos mañana te espero en casa para enseñarte ese pan del que me pediste la receta.

– Sí – Rita abrazando a su amiga tampoco ocultó la alegría de aquel encuentro –. Estaré allí sin falta, tenemos mucho de qué hablar. Además, necesito un poco de paz, porque mamá me está dando muchos problemas.

– Querida – dijo Fátima – no puede ser fácil cuidar a alguien que tiene Alzheimer. Creo que quienes más sufren son los cuidadores, los que están viendo cada día enfermar a sus seres queridos, sin poder hacer nada más que tener paciencia, fe y mucho coraje.

– Sí, es una lucha constante – intervino Rita con tristeza –. Cada paciente es una realidad diferente y cada día descubro cosas nuevas sobre la enfermedad. Como saben, después que ella presentó los síntomas, tuve que aprender a vivir con la degeneración de la mente de mi madre y también con las consecuencias físicas que provocan muchas restricciones.

– Y la señora Luísa – preguntó Fátima –, la cuidadora que le designé, ¿se está adaptando bien?

– Ella fue un ángel que apareció en mi vida – respondió Rita –. No te imaginas lo satisfecha que estoy. Ella me parece una madre y la trata con tanto cariño que me calma el corazón. Con ella puedo retomar mis actividades de costura y mis tareas en la iglesia.

– Estoy inmensamente feliz que te haya gustado la señora Luísa, creo que le habría ayudado mucho. Ella es una persona muy querida y especial. Fue recomendada por Néstor, un médico amigo de la institución. Esperamos que todo vaya bien – cambiando el rumbo de la conversación, Fátima prosiguió:

– Tengo que llevar estos pasteles al asilo de ancianos que ahora estoy ayudando. Mañana está bien, nos vemos en casa y no hace falta llevar nada, nuestro café es siempre por mi cuenta. Lleva solo a mi ahijada, Sabrina, para poder satisfacer mi nostalgia.

– Mi hija no podrá quedarse con nosotros por la tarde porque irá al colegio a dar clases a los niños.

Aunque no completó el curso, le ofrecieron la oportunidad de iniciar prácticas educativas en un colegio de la ciudad vecina. Ella está muy feliz – suspirando con positivo orgullo, continuó Rita – pero sin duda, Sabrina me buscará, como ella también quiere verte.

Tras la breve despedida, Fátima aceleró el paso, mientras Rita, con una sonrisa discreta, observaba a su amiga doblar la esquina.

Tiempo después, Elen rompió el silencio y dijo con prejuicio:

– No puedo entender por qué te gusta tanto esta loca. Esta forma llamativa no coincide en absoluto con la mía.

– Conozco a Fátima desde que era niña – dijo Rita –. Nuestros padres eran amigos y prácticamente crecimos juntas. No tengo hermanos. Sepa que ella es una hermana para mí y sé que es recíproco. Por lo tanto, entiendo que el respeto, porque si la ofendes, es a mí a quien ofendes.

Elen intentó en vano romper el clima hostil que ella misma había creado:

– ¡Imagínate! Nunca ofendería a nadie, soy incapaz de eso. Eres consciente que soy tu verdadera amiga, así que tengo que decirte algo – con aire malicioso, continuó –. ¿Conoces ese lugar que abrieron aquí en nuestra ciudad, donde rezan por los muertos y espíritus que allí se encuentran? Bueno, dicen que Fátima ha estado yendo a eso. Incluso dicen que ella dejó la iglesia y ahora se ha convertido – tratando de encontrar las palabras en el aire, Elen continuó –. ¿Cómo llaman realmente los seguidores de esta secta satánica?

– Se llaman espiritistas y no es una secta satánica, sino Espiritismo – Rita sacó un papel de la bolsa y después de ajustarse los lentes dijo –. Un día Fátima me presentó este papel que dice: *"Podemos tomar El Espiritismo simbolizado como Triángulo de fuerzas espirituales. La ciencia y la filosofía vinculan la Tierra a esta figura simbólica; sin embargo, la verdadera conexión y el ángulo divino que lo conecta con el cielo."*[4]

Después de leer, Rita concluyó pacientemente:

– El Espiritismo no tiene nada de satánico y podemos decir que es algo de Dios.

Estás influenciada por ella, puede que no sean algo celestial. Si yo estuviera en su lugar buscaría al padre Osvaldo y le haría una confesión.

– Si los espíritas fueran tan malos, ¿cómo harían tanta caridad por los demás? – Con expresión de disgusto, Rita continuó:

– Fátima fue a ayudar a los ancianos necesitados. ¿No crees que es genial, un ejemplo a seguir, en lugar de criticarla cruelmente?

Elen no omitió la expresión de repudio y mecánicamente realizó un típico ritual católico conocido como "la señal de la cruz", dibujándose una cruz sobre sí misma con sus manos. Entonces, bañado en oscuros prejuicios, dijo:

– Dios nos libre de ese lugar infernal olvidado por los ángeles del Señor. Parece más bien un grupo de locos poseídos por lo demoníaco – mirando con atención, continuó Elen –. Hay que tener en cuenta que si esos ancianos hubieran sido buenas personas en el pasado, no estarían en esa condición. Nunca pondré un pie allí.

– Cada uno es libre de elegir en su vida, así como de ser responsable de sus elecciones. No le corresponde a nadie juzgar, ni expresar prejuicios contra alguien. Detrás del rostro de una persona hay una historia de vida que desconocemos. Somos hijos de Dios y creemos en su misericordia. De esta manera, debemos entender que cada uno pasa por las experiencias necesarias para su mejoramiento

---

[4] Nota de la médium: Disponible en: XAVIER, F.C. El Consolador. Por el Espíritu Emmanuel. 26 ed. Rio de Janeiro: FEB, 2006. Definición, p 19– 20.

en su vida y algún día podrá encontrar la luz del Señor, al fin y al cabo, esto es lo que siempre escuchamos en las misas.

– Estás loca. ¿Cómo no juzgarlos? Si estos ancianos están en ese albergue es porque merecen estar ahí. Por tanto, no haré nada para ayudar a estos pecadores. La justicia divina actúa sobre ellos y los castiga en su justa medida.

– Ahora, no lo digas así. El Señor no castiga a nadie. El otro día escuché a Fátima decir que para el Espiritismo *"Dios es la inteligencia suprema, la causa primera de todas las cosas."*[5] Si Él, el Señor, es esto, entonces también es bondad, aceptación y sabiduría. Creo y no me atrevo a criticar nada ni a nadie, porque no soy perfecta, solo lucho por ser mejor.

– Hablas como uno de ellos, un espiritista – dijo Elen –. ¿Será que bajo la influencia de Fátima te sumergiste en este oscuro laberinto? Si es así, no te preocupes, aun puedes ser liberada. Busca inmediatamente al padre Osvaldo. Estoy segura que después de confesarte, te dirá que hagas algunas oraciones fervientes y entonces podrás redimirte de tus pecados e imperfecciones.

– Por Deus – Rita, molesta con aquella situación, dijo –. Continúas con juicios infundados. Entonces eres tú quien es tan diligente en la iglesia en tus actividades. Son personas que hacen caridad por los demás, no son seres demoníacos, pertenecen a Jesús. Me sorprende mucho que tú, que te consideras tan devota, digas eso. ¿Olvidaste el dicho que acabamos de escuchar al sacerdote decir que "se reconoce al cristiano por su obra"? Perdóneme, pero llego tarde con mis tareas. Tengo que ir a cuidar a mi madre que está enferma.

---

[5] Nota del autor espiritual (Saúl): KARDEC, Allan. *El Libro de los Espíritus*. Federación Brasileña de Espíritu (FEB). Río de Janeiro: 1995 – Pregunta 1.

Rita se despidió rápidamente y se fue, dejando a su amiga insatisfecha por no haber encontrado un ambiente adecuado para ventilar el chisme.

Mientras Rita cruzaba la calle, Elen, sin contenerse, sola, dijo palabras al aire:

"Habla así como si fuera una santa. Les dice a todos que su madre está enferma, pero en realidad debe estar poseído por el mal. Que Dios tenga la pasión de esta mujer, porque dentro de su propia casa actúa el diablo."

CAPÍTULO 3 El Té de la Tarde
Un encuentro de luz

"El Señor le dijo a mi Señor:
Siéntate a mi derecha hasta que ponga a tus enemigos debajo de tus pies."

Marcos, 12:36

Al día siguiente, según lo acordado, Rita fue a la residencia de la amiga que la esperaba visiblemente feliz.

Después de los saludos, continuaban la tarde entre conversaciones banales y recetas, cuando Rita, avergonzada, dijo:

— Amiga mía, por favor, te ruego que no te ofendas, pero no omitiré el incidente de ayer. Elen llamó a tu nuevo credo una "secta satánica." Como yo, fuiste muy diligente en las actividades de la iglesia. Después de empezar a asistir a la institución espírita, te apartaste, y los comentarios fueron muchos y, créeme, llenos de prejuicios. ¿Estás segura de tu elección?

— Sí, lo creo – respondió Fátima con expresión confiada –. Después que comencé a asistir a la institución, mi corazón está más tranquilo y me siento más fuerte para afrontar los conflictos de mi vida entre mi esposo Ricardo y nuestro hijo Adrián. No me puedo quejar de nada, tengo todo lo que quiero, una familia que amo, pero por cuestiones culturales, Ricardo, a pesar de amar intensamente a

Adrián, no comprende las tonterías de su juventud. Solo Dios sabe cuánto sufro al ver a padre e hijo parecer rivales. Hace unos días pensé que se odiaban y no podía entender tal situación. ¿Cómo podrían vivir así?

Busqué ayuda en la iglesia y lo confieso, las misas ayudaron con mis oraciones, pero no respondieron las innumerables preguntas que tenía dentro de mí sobre todo lo que estaba pasando. Mi casa parecía un campo de guerra – con espontaneidad, continúa Fátima –. Confieso que mi hogar aun no está del todo estabilizado, ocurren desacuerdos, pero puedo ver la situación de otra manera. Sufro, pero lo intento a través de la oración, con paciencia e instrucción, dirigir el conflicto oscuro hacia la luz.

– El padre Osvaldo estaba muy molesto por tu salida de la iglesia – continuó Rita –. Dijo que si regresas resignada y lo ayudas a desenmascarar al grupo espírita, te aceptará nuevamente en la comunidad.

– Gracias por el ofrecimiento, pero nunca diré una palabra en contra del Espiritismo o del grupo del que formo parte.

Jesús no hizo ninguna distinción con las religiones de su tiempo. El tiempo avanzó y en la Edad Media, la Santa Inquisición perseguía vorazmente a todo aquel que pensara diferente – contradecía, prosiguió Fátima –. Esto es absurdo, parece que vivimos en el tribunal de la Santa Inquisición. El Espiritismo respeta las religiones y las diferencias. ¿Por qué vamos a someternos ahora a semejante terror?

– Perdóname querida, solo fui a transmitirte un mensaje. Lo que importa es que estás feliz y visiblemente, muy bien.

Rita, cambiando el rumbo de la conversación; dijo:

– ¿Quién te llevó a la institución espírita?

– Una mañana estaba en la panadería ayudando a Ricardo a atender a los clientes. Luego conocí a un médico jubilado llamado

Néstor que vino de São Paulo a vivir aquí, después de la muerte de su esposa. Ambos hijos ya estaban casados. Quería tranquilidad y eligió nuestra ciudad. No pasó mucho tiempo antes que nos volviéramos buenos amigos. Néstor y Ricardo formaron una amistad que parecía conocerse desde hacía mucho tiempo.

Todos los días Néstor iba a comprar pan y periódicos, así que no nos faltaban temas de qué hablar. Ya sabes cómo me gusta una buena conversación – continuó Fátima sonriendo –. Un día Ricardo y Adrián tuvieron un desacuerdo y yo me puse triste. Fue entonces cuando dijo que era espiritista y empezó a hablar de Espiritismo, de las explicaciones que recibía sobre las particularidades de su vida, especialmente de cómo encontró la fuerza para afrontar su viudez. Pronto me interesé y decidí aprender sobre la Doctrina.

Escuchamos tantas cosas buenas y malas sobre el Espiritismo – dijo Rita con cara de adoquín.

– ¿No tenías miedo de ir allí?

– Claro que sí. El primer día me acompañó Néstor. De hecho, estaba aterrorizada. Tienes razón, al fin y al cabo la visión que tenemos es muy diferente e incluso distorsionada del Espiritismo.

– Cuéntame ¿cómo fue tu visita a la institución? – Preguntó Rita, curiosa.

– Cuando llegué fui recibida con inmenso cariño – después de una breve pausa, Fátima continuó –. La gente es común y corriente como nosotros, algunos de los cuales incluso conocíamos, trabajando voluntariamente, parecíamos envueltos por una paz que se transmitía en ese ambiente. Pronto me llevaron a una sala donde los trabajadores nos escucharon con mucha paciencia.

Allí rápidamente me explicaron un poco sobre las aversiones innatas entre padres e hijos en el ámbito familiar. Dijeron que debido a la reencarnación, los "vínculos, las relaciones de sangre no son los verdaderos lazos familiares, sino lo que une los corazones y la comunión de ideales, pensamientos y simpatía."[6]

Luego pasé por una sala donde recibí un pase y luego pasé a una sala sencilla, donde escuché una conferencia que parecía hecha para mí. Me emocioné con cada palabra, gesto y cariño que recibí allí, porque el lugar tenía una enorme serenidad.

– ¿Qué es esto del "pase"? – Preguntó Rita.

– Confieso que no sé muy bien cómo explicarlo – dijo Fátima con una sonrisa tímida –. Espera un momento – con entusiasmo, fue a la oficina de su marido y regresó con unos libros en las manos –. ¡Mira! Incluso me inscribí en los cursos, hojeando rápidamente las páginas de un libro, continuó:

– Aquí está, te leeré qué es el pase:

"El pase es un intercambio de energías físicas y espirituales y es uno de los métodos utilizados en los centros espirituales para aliviar o curar el sufrimiento de las personas. Cuando se administra con fe, el pase es capaz de producir verdaderas maravillas. El objetivo es reequilibrar el cuerpo físico y espiritual."[7]

En resumen – dijo Fátima quitándose las gafas – , cuando los médiums de la institución nos imponen las manos, recibimos energías elevadas que nos hacen sentir un bienestar indescriptible – suspirando, continuó:

– Sé que el apoyo viene de Arriba., pero somos responsables de nuestras actitudes. Por esto debemos velar y orar para que podamos encontrar nuestra sanación y nuestra regeneración.

– Eso me asusta un poco – dijo Rita con una pizca de miedo.

---

[6] Nota del Autor Espiritual (Saúl): KARDEC, Allan. *El Evangelio según el Espiritismo*. Federación Brasileña de Espíritu (FEB). Río de Janeiro: 1996 – Capítulo XIV – puntos 8 y 9.

[7] Nota de la médium: el estudio sobre el pase y su aplicación se puede encontrar al final de este libro.

– Ahora, amiga mía, ¿tienes miedo de la bondad? La base del Espiritismo y el cristianismo. Si él no tuviera el principios de Jesús, yo no estaría allí. Además, el mayor fundamento y amor basados en los dos mandamientos del Señor: el primero y: *"Oye, oh Israel, el Señor Nuestro Dios es el Señor, y amarás al Señor tu Dios con todo tu corazón, con toda tu alma, con toda tu mente y con todas tus fuerzas."* El segundo es este: *"Amarás a tu prójimo como a ti mismo."* No hay otro mandamiento mayor que estos."[8]

Fátima, con una amplia sonrisa en el rostro, continuó:

– Quizás algún día vayas conmigo a ver el Centro, especialmente por tu madre, doña Amelia, que está afrontando una enfermedad tan grave. Allí puedes encontrar la misma paz que encontré.

– Amiga mía, perdóname, pero ya tengo mi creencia, pero tal vez algún día vaya, porque no podemos responder por mañana – dijo Rita, secándose una tímida lágrima –. Cada uno de nosotros tiene una historia. Ahora al observarte, tu valentía y tu lucidez, me siento fuerte para afrontar mis desafíos silenciosos. Los que necesito pasar sin quejas.

– Jesús conoce nuestras dificultades y nuestras dudas. Con su bondadoso corazón espera que tengamos el valor de afrontar nosotros mismos los obstáculos para encontrar la luz – sonriendo, Fátima continuó –. Nunca te he visto quejarte de nada, ni siquiera de la enfermedad de doña Amelia, de la ausencia de Alberto, en fin, acerca de todo. Criaste a Sabrina prácticamente sola y trabajaste con dignidad para educar a tu hija. Sin embargo, sé que sus días también son desafiantes y exigen de ustedes renuncia y resignación.

– Aprendí que quejarse no soluciona el problema, solo los intensifica y nos enferma. Encontré en la oración la fuente que nos vigoriza. Es a ella a quien me aferro en busca de fortaleza, porque

---

[8] Nota del Autor Espiritual (Saúl): Marcos, 12:32– 33.

confío en Jesús y en Sus manos entregué mi corazón – Rita, admirada, continuó:

– No puedo creerlo, nunca te gustó estudiar. Recuerdo que en el curso evangélico parroquial te escapabas de todos y ahora encuentro a mi amiga leyendo y educándose. No puedes imaginar lo orgullosa que estoy de ti.

– Alla en la institución aprendí que la educación es la base de nuestras vidas. Entonces entendí que estudiar es un acto de amor hacia nosotros mismos y es mejor, no soy una persona culta, pero ahí no hay prejuicios, porque todos tienen la oportunidad de volver, porque no somos hijos de una sola vida.

Rita abrazó a su amiga y le dijo:

– Querida, me alegro de verte tan bien y estable. Créeme, oré mucho por ti y tu familia y ahora me doy cuenta que Jesús bendijo tu camino.

En ese momento sonó el timbre de la puerta y Fátima fue inmediatamente a abrir. Al abrir la puerta, no ocultó su alegría espontánea y, abrazado a la joven, dijo:

– ¡Sabrina, querida! Vamos a entrar. Te extrañé mucho. Veo que cada día estás más hermosa.

Luego de saludar a su madre, Sabrina, con espontaneidad y visible cariño, dijo:

– Tía, al parecer todavía estás cocinando muy bien. Quiero probar este manjar que debe estar delicioso.

Con cariño intercambió un beso por un trozo de manjar hecho con amor.

Momentos después, Fátima le pidió a Sabrina que fuera a la parte trasera de la casa y alimentara al cachorro. Mientras tanto, las mujeres continuaban su banal conversación.

Mientras tanto, llegó Adrián, el hijo de Fátima, y dejó la maleta en la sala.

Luego fue a la cocina donde estaba su madre, le dio un beso en la frente y, como un niño, le robó un trozo de tarta.

– Hijo, ¿estás aquí hoy? – Dijo Fátima sorprendida –. Solo te esperaba mañana. ¿Qué te pasó para anticipar su llegada?

– Las clases de mañana fueron suspendidas, así que decidí venir hoy aquí – sin perder tiempo, Adrián repitió el gesto con Rita, la abrazó y besó cariñosamente su frente –.Tía, estás muy alegre y guapa, como siempre.

– Querido, ¡siempre muy coqueto! – Exclamó Rita.

Relajado y jovial, Adrián, cambiando el rumbo de la conversación, dijo:

– Además mañana tengo una fiesta con mi amigo Alex y como no pienso perdérmela he decidido llegar lo antes posible para evitar problemas de tráfico.

– Hijo, sabes lo que piensa tu padre de tu amigo Alex – dijo Fátima, visiblemente preocupada.

– Todos comentan que está involucrado en la bebida y su madre sufre mucho porque él no quiere estudiar. Vive en estas fiestas y bares. Necesita ayuda y si continúa por el camino que lleva no tardará en sucumbir a vicios más delicados. No quiero que pierdas la vida por esto ni que te involucres en algo de lo que puedas arrepentirte. ¿Por qué no frenas este espíritu inquieto que llevas dentro? ¿Por qué insistes en esta amistad?

– Porque somos jóvenes y queremos vivir nuestra vida – respondió Adrián.

– Rezo para que no contradigas a tu padre ni lo pongas nervioso. No quiero más peleas en esta casa.

– Mamá, sabes que él no me comprende, no respeta mis elecciones y no le permitiré interferir en mis amistades. Soy un adulto y sé lo que estoy haciendo.

– Puede que hayas crecido y te hayas convertido en un hombre – prosiguió Fátima – , pero todavía te comportas como un adolescente inmaduro. Por eso tu padre está preocupado por ti.

Tiempo después, Sabrina entró en la habitación y rompió amorosamente la momentánea densidad del ambiente.

Cuando Adrián la vio, con un magnetismo mayor que su control, fijó sus ojos en la joven y dijo aturdido:

– ¡No puedo creer! Sabrina ¿mi amiga de la infancia?

– Bueno hijo mío – dijo Fátima – ha pasado mucho tiempo, desde que conociste a Alex, te has olvidado de muchos amigos, incluida nuestra Sabrina.

Orgullosa, continuó:

– Aun los recuerdo pequeños, de hecho, prácticamente crecieron juntos.

– Perdóname – dijo Adrián estupefacto –. Hace tanto que no nos vemos que, lo confieso, casi no te reconocí. ¡Cómo estás cambiada! Hoy eres una mujer hermosa.

Sabrina, sonrojada, no pudo ocultar su sorpresa ante aquel encuentro. Algo inexplicable habían tocado su núcleo, pero el silencio, en ese momento, era suyo, su único cómplice.

Luego de unos momentos, Rita miró su reloj y con firmeza, miró a Sabrina y le dijo:

– Hija, tenemos que irnos, tu padre, como siempre, está de viaje, pero necesito organizar la cena para tu abuela. Sabes que no podemos hacer nada para agitarla – con cariño Rita tomó el bolso y dijo– , querida, vámonos, no quiero llegar tarde.

Ambas, sin demora, se despidieron, mientras Adrián no podía quitarle los ojos de encima a Sabrina. Mientras tanto, en el mundo invisible, los seres carentes de luz que acompañaban a Adrián permanecían en la oscuridad al acecho, observando cada gesto que hacía. Disgustados por lo que estaban presenciando, pronto intensificaron el magnetismo en su mente, obligándolo a sintonizarse con pensamientos de baja frecuencia, transformándolo en presa fácil de sus deseos.

~ O ~

Así, aquellas tristes criaturas, completamente envueltas por la densidad oscura que alimentaba sus corazones, ejercieron una fuerte influencia sobre Adrián, haciéndolo someterse a sus oscuras voluntades. Incluso las tinieblas, creyéndose más fuertes que el amor de Dios, el Señor que conoce todos los corazones, organizó a sus mensajeros con el objetivo de restablecer el orden celestial y la paz entre sus hijos.

Mientras aquellos seres alejados de la luz actuaban irracionalmente, en las esferas superiores Jesús sentía pena por aquellos corazones que sufrían tanto por esa influencia.

Por designación superior, se destacó un grupo de emisarios del bien para apoyar a los personajes de esta historia, con el objetivo de afrontar con fe y resignación el difícil enfrentamiento para vencer las tinieblas, que se narrará a lo largo de estas páginas.

Asignado desde una ciudad espiritual llamada Ciudad Jade, un equipo de personas benévolas trabajaba los dolores de Jesús, unidos por la fuerza del amor al prójimo y de la misericordia, acompañaron cada paso de estos corazones, buscando analizar cada acción y estrategia de acción para que, en su momento, actúen a favor de la luz y el bien común.

En manos de Saúl, un médico benévolo y líder de muchos grupos de rescate, quedó puesta la responsabilidad de liderar su equipo y organizar, a nivel espiritual, a quienes, junto con los propósitos de Jesús, lucharían por aquellos hijos de Dios tan necesitados de sabiduría y amor.

Durante muchos años, el equipo de Saúl trabajó a favor de estos corazones alejados de Dios y, en aquella ocasión, ya observando sus acciones junto a los encarnados, especialmente Adrián, en silencio, sin ser notados, observaron la acción de las tinieblas y llenos de compasión emanaron una luz dorada que brilló sobre aquellas mujeres que, además de protegerlas de las sombras, renovó su espíritu para continuar con sus actividades diarias con fe.

Repitiendo el gesto amoroso hacia Adrián quien, debido a la fuerte influencia que nublaba su sistema nervioso central, no percibía los gestos de los emisarios del bien hacia su corazón.

Sin embargo, Saúl, en un alto tono de amor y oración, permaneciendo atento a todas las acciones de ese momento, pidió al Señor compasión ante corazones tan frágiles.

CAPÍTULO 4 Deseos, Ambientes en Alerta

"Porque en aquellos días habrá tribulación, como no la había habido desde el principio del mundo que Dios creó hasta ahora, ni la habrá."

Marcos, 13:19

Al día siguiente de encontrar a sus amigas Rita y Fátima, los pensamientos de Adrián seguían fijos en Sabrina.

Durante todo el día permaneció en casa, recluido en su habitación, inmerso en sus quehaceres. Sin embargo, esa misma tarde, llegó su amigo Alex.

Sin demora, se dirigió a la habitación donde Adrián se encontraba introspectivo.

– Amigo mío – dijo Alex – hoy hay una fiesta en la discoteca[9] de la que te hablé y tenemos invitaciones para ir. No nos lo podemos perder – observándolo, continuó:

– ¿Qué te pasa? ¡Pareces muy lejano!

– ¿Recuerdas a la tía Rita y al tío Alberto?

– Los recuerdo, pero hasta donde yo sé, Alex, no son tus tíos. ¿Por qué los tratan así?

---

[9] Nota del autor espiritual (Saúl): por obvias razones de respeto y ética, omitiremos el nombre del lugar y para estas páginas simplemente lo llamaremos "discoteca."

– Nuestros padres son amigos desde hace mucho tiempo y yo los trato así desde pequeño – cambiando el rumbo de la conversación, Adrián continuó:

– Sin embargo, ayer vi a Sabrina. ¿La recuerdas?

– Sí, sé quién es. Estudiamos juntos. Es muy modesta y rara vez la vemos en grupos o fiestas juveniles. Dicen que vive bajo las estrictas reglas de sus padres, quienes no le permiten involucrarse con nadie. Que yo recuerde, nunca la he visto con novio.

Pensativo y con mirada maliciosa, Alex continuó:

– ¿Por qué preguntas por ella?

– Prácticamente crecimos juntos y hacía mucho tiempo que no la veía – prosiguió Adrián, visiblemente perturbado –. Cuando la volví a encontrar, confieso que me sorprendió. Ella es hermosa y el toque más fuerte me tocó, nunca una mujer me había tocado así – con una sonrisa pícara, continuó:

– Si ella nunca ha tenido una cita, entonces siempre hay una primera vez.

De repente, se produjo una breve pausa y una fuerte densidad cayó sobre ese lugar.

A pesar de la protección espiritual que aquel hogar brindaba debido a la práctica del Evangelio en el Hogar, que Fátima realizaba una vez a la semana, de manera invisible, tres criaturas alejadas de Dios y rodeadas por una inmensa sombra, invadieron sin piedad la habitación.

Habiendo convivido durante mucho tiempo con los jóvenes, no tuvieron dificultad en actuar, guiándolos hacia el mal.

Las mentes de Adrián y Alex, sintonizadas con aquellas criaturas, eran sometidas por medio de cables magnéticos conectados al sistema nervioso central, el cual era intensificado por una especie de líquido grisáceo que facilitaba y acentuaba la transmisión de los pensamientos viciados que portaban las cargas sexuales en desorden.

Eran blancos fáciles debido a su gran sintonía con las sombras y, sus pensamientos enfocados en las peligrosas pasiones de la carne, provocaron que estos seres, que alguna vez fueron hombres comunes y corrientes, se acercaran a Alex para envolver su mente y conducirlo por el camino de las sombras.

– ¡Pues Adrián! ¡Déjate de tonterías! Puedes tener todas las mujeres que quieras. Mueren por ti, y no será ahora que un simple cariño infantil hará que te quedes ahí, como un adolescente enamorado – cambiando de tema, continuó Alex guiado por las sombras – hoy no tenemos tiempo de llegar a casa.
Y es una fiesta así que el que entra no sale y tendremos muchísimos manjares esperándonos, sobre todo a las niñas tontas que apenas saben quiénes son, pero que se entregan a nosotros fácilmente, con solo un pequeño gesto de seducción y voluptuosidad.

– Amigo mío, tienes razón. Vámonos porque la noche nos espera.

Adrián no tardó en arreglarse, resaltando los atributos de su belleza física.

Así, esos jóvenes rodeados de una densa sombra buscan una felicidad fácil, pero temporal.

~ O ~

Tiempo después, Adrián y Alex llegaron a la discoteca. Visitantes habituales, entraron en una zona poco iluminada.

Juegos de luces de colores y el fuerte olor a perfume embriagador mezclado con el alcohol que emana del bar. Esto proporcionó un ambiente de baja frecuencia vibratoria con un olor ácido y letárgico. Los jóvenes bailaron con música a todo volumen, guiados por profesionales que eligieron sugerentes canciones que exaltaban la sensualidad. Completamente aturdidas, las jóvenes gesticulaban y se insinuaban a los muchachos en busca de una pasión fácil.

El aire denso pesaba el ambiente, mientras chicas de familias honestas bailaban sobre las mesas completamente desconectadas de su realidad, derrochando sensualidad y cautivadas por el intenso y embriagador sabor del alcohol.

Los ambientes privados insinuaban la facilidad para iniciar relaciones temporales, que marcarían muchas vidas e incluso reencarnaciones con el dolor de la necedad y la alucinación.

Adrián y Alex se dirigieron rápidamente al bar, donde se preparaban tragos exóticos con mucho alcohol y hechos con acrobacias.

– ¡Vamos amigos! – Dijo Adrián –. No podemos perder el tiempo. Esta noche nos promete mucha alegría y placer.

Ambos permanecieron allí en conversación banal y risas; entre sucesivos copas de tragos y adormecidos por la sensualidad de ese ambiente.

~ O ~

Mientras tanto, en el mundo invisible, el mismo entorno era observado con mucho pesar y compasión por el equipo de Saúl.

Aquel grupo de hijos de Dios que se reunieron en busca de la felicidad fácil, no eran conscientes que las cuestiones relacionadas con el sexo no son solo un asunto del planeta Tierra, sino que sobrepasan el entendimiento de los seres encarnados.

Guardianes oscuros montaban guardia para garantizar que el acceso fuera solo para aquellos que tuvieran el mismo patrón mental y vibratorio alineado con la melodía del lugar. El lugar saturado de densa energía no omitía los "miasmas psíquicos" que se mezclaban con los pensamientos de los encarnados por seres que alguna vez habían sido hombres y mujeres comunes y corrientes y que, en ese momento, aparecían deformes y alejados de Dios.

Algunos de ellos mostraban cuerpos semianimalizados. Sus ojos parecían una llama viva de fuego ardiente y sus rostros devoradores daban a estos seres una mezcla de miedo, pero sobre todo, codiciosa conmiseración por sus condiciones temporalmente inferiores.

Se establece el comportamiento de quienes encarnan en una frecuencia vibratoria tan baja entre pensamientos inferiores, promiscuidad sexual, drogas y bebidas, al acoso espiritual de quienes estaban allí por diversión banal.

Los espíritus desencarnados que permanecieron en condición inferior no perdonaron a los presentes y chuparon, sin compasión, las energías emanadas en un proceso simbiótico de profundo análisis.

Fuerzas inferiores se movían bajo el mando voluntario de aquellos espíritus atrapados temporalmente en sus alucinaciones sexuales, utilizando cargas magnéticas de baja frecuencia a su favor.

Sin control alguno, se instauró la devastación y la libertad discriminó las relaciones sexuales, sin la base del respeto a la fidelidad y los altos valores del espíritu.

Personas encarnadas y desencarnadas satisfacían sus deseos en plena armonía, encontrando allí la satisfacción sexual que no tenían en sus vínculos físicos, acabando en ese momento con las dudas tanto para el presente como para el futuro.

De repente, el equipo de Saúl fue sorprendido por una figura que llamó su atención. Un hombre aparentemente corriente fue recibido con distinción. Los guardianes encargados de la seguridad del lugar lo recibieron con respeto y reverencia, facilitando su ingreso y favoreciéndolo en cuanto a gusto y trato diferenciado. Fue recibido como alguien perteneciente a la dirigencia de aquellos lugares y con mucho ingenio ordenó y llamó la atención sobre lo que veía fuera del lugar o de su control.

Los seres oscuros recibieron a aquel hombre con reverencia, mientras las mujeres desviadas envolvían su mente y su corazón en una intensa sensualidad, la cual era debidamente correspondida en perfecta armonía.

Antônio, miembro del equipo de Saúl, tratando de identificar su apariencia, perplejo, preguntó:

— ¿Qué es lo que veo? Me doy cuenta que este hombre está encarnado. Identifico la expansión de su periespíritu, los lazos fluidicos que lo unen al cuerpo físico.

— No te extrañes — dijo Saúl —, aquellos encarnados en plena sintonía con las zonas de baja frecuencia, cuando descansan su cuerpo físico durante el sueño, se liberan de sus cuerpos y buscan, a través de sus mentes, a sus seres queridos. De esta manera, establecen vínculos con seres temporalmente alejados de Dios y se nutren de la energía oscura con la que sintonizan.

Minutos después, tras observar atentamente los gestos de aquel sorprendido y asustado recién llegado, Antônio dijo:

— ¡Dios mío! ¿Quién podría ser ese hombre al que tratan con tanta distinción en un lugar como éste?

— Es Alberto, el marido de Rita — respondió Saúl.
Es un esclavo de estos lugares. De día, es un hombre "justo", rígido en sus reglas familiares; por la noche, total afinidad con zonas de baja frecuencia.

— ¿Qué explica eso? — Preguntó Antônio —. Un hombre, aparentemente sano en la Tierra, se presenta aquí como alguien transformado y absolutamente en sintonía con estas vibraciones.

— Conducta y pensamiento — dijo Saúl —. Estos son los atributos que vinculan estos corazones con las sombras. Se necesita mucho esfuerzo, un cambio en tu forma de actuar y, sobre todo, estudiar para aumentar su pensamiento y sentimiento por un camino racional de fe.

Mientras absorbía las aclaraciones de Saúl, de repente, un grupo de espíritus vinculados a las sombras me llamaron la atención. Escoltaron al líder oscuro llamado Yara con exceso y lujo.

Ella, al notar la presencia de los emisarios del bien, inmediatamente ordenó a sus súbditos que se detuvieran. En una escena indescriptible, no pasó mucho tiempo antes que apareciera una figura femenina, que destilaba exuberante belleza y lujuria. Debido a muchos años de contacto con las sombras, su rostro tenía una tez pesada y sus ojos rojizos acentuaban sus expresiones severas y hostiles.

Yara era conocida y muy temida por ser la líder de una zona de oscuridad en las regiones inferiores de Umbral, que había construido hace aproximadamente dos mil años. Esta ubicación para los efectos de esta historia se llamó *Un mundo para nosotros dos*. Un mundo creado por su densa psicósfera mental, debido a un amor por un enfermo, que consumió su ser durante mucho tiempo.

Cristalizado en un amor del pasado por un hombre llamado Ambrosio y debido a que llevaba tantos años realizando el mal, no podía recordar nada relacionado con el pasado, solo vivía vorazmente en intensa persecución, repartiendo el mal y alimentándose de las energías sexuales de la Tierra, lo que intensificó su fuerza.

Con el poder de su mente distorsionada hacia el mal, se transformó en una mujer de rara belleza y fuerte poder de seducción, pues parecía una diosa mitológica con apariencia perfecta. Cualquier ser al que mirase quedaba encantado por su poder de seducción.

Ejerció una fuerte y gran influencia en el área de oscuridad que dominaba. Desarrolló inteligentemente mecanismos para capturar la fuerte energía de la lujuria que era emitida por la Tierra a los corazones ligados al sexo en la locura.

Saúl, con expresión seria, se dejó ver.

Yara al verlo dijo:

– Estas luminarias son audaces. ¿Qué están haciendo aquí en zonas tan bajas y primitivas? Las fronteras de la oscuridad han avanzado. Esto significa una afrenta. Estos habitantes de la Ciudad de Jade no saben el peligro que corren. Este es mi mundo.

– Este mundo se está agotando – dijo Saúl. Jesús en su gran misericordia ordena que esta región sea transformada y sigues resistiendo la fuerza de la luz.

El equipo de Saúl intensificó a cada momento su oración y expandió la luz azul hacia ese corazón intocable. El benefactor escuchó esas palabras en silencio, sin atreverse a contradecirla, solo confió en el Altísimo, y comprendió el estado de enfermedad en el que se encontraba Yara.

Sin permitir que Saúl continuara, Yara, a pesar de reír, interrumpió:

– La guerra entre nosotros comenzó hace mucho tiempo y ahora se está intensificando. Salgan de mi territorio, de lo contrario destruiré sin piedad esa maldita Ciudad de Jade y tendré un gran placer en verlos a ti y a tu Ministro Ferdinand sirviéndome, con el mismo cuidado con el que sirven a Cristo "el caído" – expandiéndose en una luz grisácea, continuó.

Una vez más digo: ni tú ni tus amigos iluminados podrán destruirme. Uniré fuerzas, como ya lo he estado haciendo, para derrocar la fortaleza de la Ciudad de Jade. Solo espera.

– Hija de Dios – dijo Saúl –. Jesús nunca abandona a nadie, aunque alguien se haya alejado de su amor por tantas razones. Estoy aquí como representante de muchos corazones que te aman y te quieren de regreso, junto con Dios. Tu sabiduría, modificada para el bien, puede ayudar a la Tierra en su fase de transformación hacia la luz.

– No me preocupan los problemas que el planeta tiene – interrumpió Yara –. Mi objetivo es mantener mi mundo y nada más.

Saúl, con entendimiento, escuchó las duras palabras, pero con cariño continuó:

– El pasado que marcó tu corazón hoy es solo un recuerdo que nunca vuelve. Son años cultivando un amor que, en verdad, es una prisión que esclavizó tu mente a una vida llena de disgustos. El amor es soberano sobre los deseos, el odio, la venganza y, sobre todo, las alucinaciones. Cuando él es sincero, libera, construye e ilumina los corazones con el manto de la plenitud y la comprensión. No te dejes atrapar en la prisión de ti misma. El Señor conoce tus sentimientos más íntimos y nunca ha juzgado tus acciones. Acabas de perderte en tu camino, pero aun estás a tiempo de recapacitar y encaminar tu vida hacia la luz.

Interrumpiéndolo, sin permitirle decir una palabra más, Yara, con ironía y sensualidad, dijo:

– No me vengas con tus tonterías. Siempre me hablas de una vida que ni siquiera creo que existiera, porque no recuerdo nada. Además, ¿qué sabes sobre el amor? ¿Qué sabes de mi historia? Sería una tonta si creyera que tus amables palabras fueran capaces de cambiar el curso de mi existencia.

Vertiendo odio, Yara continuó:

– Los iluminados solo viven en ciudades, como es tu ejemplo, pero yo construí un imperio, un mundo en pleno y galopante desarrollo.

Con desprecio, prosiguió:

– Saúl, tú sabes bien lo que me hace más fuerte y lo que nutre todas mis armas. Son sentimientos oscuros y de baja frecuencia que provienen del planeta Tierra y que rezuman sensualidad.

Continuó:

– Yo era inteligente y entre el dinero, el poder y el egoísmo, elegí la lujuria. Quiero ver un centro iluminado sobre la fuerza de los hombres que tanto aman, pero que no son más que animales cuando se trata de sexo.

– Cualquiera que sea tu elección – intervino Saúl –, o el tiempo que tardes en liberar tu mente y tu corazón, estaré en el nombre del Señor trabajando por ti, y esperando el día en que este abrazo de oscuridad que me has dado ahora, se convierte en bendición; acción iluminada del amor y tu regeneración.

No tengo miedo de tus amenazas, me suenan a canciones de alguien que necesita ayuda. Por eso, sabremos esperar el día en que tu mente sea envuelta por la lucidez y tu corazón por el amor mayor de nuestro Jesús.

En ese momento, el cuerpo espiritual de Yara se expandió. Su perfecto y hermoso cuerpo fue diseñado y tenía un enorme tatuaje de serpiente en sus hombros, al cual le dio vida cuando se encontraba en estado de guerra, para demostrar su superioridad y hacer valer su liderazgo ante sus súbditos.

Sin piedad ni compasión y con odio desenfrenado, Yara gritó salvajemente:

– ¡Cállate! Soy respetada y reconocida en mi mundo como la mujer más seductora y despiadada. Como dicen en *Un Mundo para Nosotros Dos*, nadie podrá permanecer en pie. ¿De verdad crees que un pequeño pase me haría inclinarme a tus pies? ¡Infame! Será más fácil para mí unirme a los muchos líderes que odian a los habitantes de la Ciudad de Jade y hacerlos sucumbir uno por uno a mis prisiones. Mi mayor placer será someterte, destruir la Ciudad de Jade y ver a todos los iluminados donde pertenecen: en la oscuridad.

Estoy cansada de tus inútiles intentos de convertirme a tu mundo. No te atrevas a avanzar más en mis fronteras. Envía un mensaje a Ferdinand, un ministro de gran importancia en el liderazgo de la

Ciudad de Jade: Destruiré a cualquiera que intente impedirme preguntar, mientras la guerra entre *Un mundo para nosotros dos* y la Ciudad de Jade está en pleno apogeo. ¿Veremos quién es más fuerte: yo, alimentado por la inmunda inferioridad de la Tierra, o ustedes, iluminados y llenos de amor?

Yara y sus sirvientes se retiraron en profundo silencio, dejando tras de sí un rastro de amargura, dolor y alienación.

Tiempo después, Almería, miembro del equipo de Saúl, dijo respetuosamente:

– Por Dios, estamos ante un caso muy complejo. Demetrio, hoy Alberto, está sometido a Yara. En el pasado, era un egipcio que presumía de una constitución física que recordaba la de un semidiós, dando paso a un cuerpo musculoso, resultado de los juegos que practicaba. Conocedor del arte de la seducción, era conocido por hacer que muchas mujeres tomaran sus propias vidas en razón de tus promesas vacías de amores inexistentes. Su conducta pasada todavía marca su mente y le hace actuar de una manera muy similar al pasado.

– No podemos olvidar a Adelina – dijo Felipe –. En el pasado, era hija de una sirvienta benévola y conocedora llamada Zafira, hoy vestida con la apariencia de Rita. En aquella ocasión, fue criada como hija por nuestra admirable venerada Débora, quien buscó la ayuda de nuestros ministros en la Ciudad de Jade para ayudarla a liberarse de la oscuridad y encontrar la luz.

Sin embargo, cuando Adelina se transformó en una mujer madura, fue seducida por una pasión abrumadora por Demetrio, ahora Alberto. De esta pasión nació un niño, hoy encarnado como Alex, quien fue completamente rechazado por ambos. Incapaz de aceptar el rechazo de Demetrio, Adelina cometió una serie de actos que pesaban mucho sobre sus hombros.

Debido a que Demetrio no reconoció a su propio hijo y no aceptó su amor, Adelina, sin reconocer la fuerza de Dios sobre todas las existencias e ignorando las leyes superiores, completamente loca, tomó la vida de Demetrio, la de su hijo y la de su propia existencia debido a una pasión confundida con un supuesto amor.

– Es cierto – dijo Almería – la conexión de Adelina y Alberto va más allá de las barreras entre la vida y la muerte. Recordando esta historia, con mucho pesar en el corazón, concluimos que, en consecuencia, Adelina es utilizada por Yara como un medio para hacer que la destrucción esté presente en la vida de quienes están al lado de Rita.

– De hecho, la situación requiere vigilancia y mucha oración – intervino Saúl –. Adelina, bajo el mando de Yara – el gran líder de la oscuridad –, ejerce un poder abrumador sobre Alberto. Por eso, fuimos llamados nuevamente a coordinar esta misión de romper con el ejército de las tinieblas y ayudar en la transformación de los hijos de Dios en la luz.

Felipe, miembro del equipo de Saúl, no ocultó su preocupación y con voz firme dijo:

– Cuánta alienación. Cuántos ya han sido sentenciados por tanta ignorancia y sufren el peso de este corazón endurecido. Me preocupo por el mañana, pero confío en Jesús, porque el amor vencerá.

– Recordemos que detrás de cada rostro hay una historia – intervino Saúl –. Sin juicios, pero dentro de las leyes celestiales, debemos servir y asistir en lo que sea necesario. Yara es parte de nuestra misión, por eso estamos aquí y, en su momento, detallaré nuestras tareas. Por ahora, debemos regresar a Ciudad Jade.

Entre varias preguntas ante ese escenario hostil, sin demora y en silencio, acompañaron a Saúl a la Ciudad de Jade.

CAPÍTULO 5 Breve Reflexión sobre el Sexo

"...por más que miran, no ven; a menos que escuchen, no entenderán..."

Marcos, 3:12

Algún tiempo después, el equipo de Saúl llegó a la Ciudad de Jade. Inmediatamente se dirigieron a la sala de descontaminación energética, conocida como rincón de armonización. Este local estaba destinado a realizar procedimientos de asepsia y recepción de energización para aquellos equipos en constante trabajo con la Tierra, para regresar a la Ciudad de Jade, con el objetivo de mantener el alto equilibrio vibratorio de esa ciudad.

Mientras seguían los trámites, Antônio, tratando de entender lo que había presenciado, con visible curiosidad, preguntó:

– Saúl, perdóname, pero siempre escuchamos que el sexo es sucio e inmoral. ¿Sería correcta esta afirmación?

– Amigo – respondió Saúl mostrándome enorme comprensión y cariño –. El sexo es un trabajo divino y el Señor nunca crearía nada sucio o inmoral. El sexo no es un delito. Él es sagrado y pertenece a la Ley de Dios, comenzando así a estar presente en la creación de las formas físicas, asegurando la continuidad de los grupos familiares, importantes para la reencarnación, siendo una etapa necesaria para quienes se encarnan.

La ley que se atrae es la misma para todos, pero lo que dirige a la luz o a la oscuridad es la mente de cada uno, así actúa.

El sexo no puede basarse únicamente en un placer fugaz. La energía sexual es un atributo de la ley de la atracción y debe vincularse a un uso moderado y controlado, construido sobre los sólidos pilares del amor, el compromiso, la belleza y el respeto.

El sexo es un asunto que exige mucho respeto porque pertenece a la creación de Dios y es una noble lección.

Es una naturaleza que requiere amor, control y educación, porque sin estos atributos será evidente el camino que conduce a la desviación moral.

– Querido Saúl – dijo Almería – y sabemos que el vínculo que une el cuerpo físico con el espíritu es el periespíritu. ¿Cómo puede la sexualidad influirte positiva o negativamente?

– Amigo – respondió Saúl cariñosamente –. El sexo, como ya dije, no es algo que vaya en contra de las leyes de Dios, pero sí, es una lección que los hombres encarnados y desencarnados aun están en proceso de perfección. Sin embargo, el mal uso del sexo puede traer consecuencias al periespíritu, marcándolo por mucho tiempo. Lo que sucede es que las áreas del espíritu correspondientes al cuerpo físico pueden verse comprometidas.

Después de una breve pausa, Saúl continuó:

– Un encarnado que utilizó el sexo en un uso inadecuado o abusado en una encarnación puede nacer de nuevo con restricciones en la reproducción, desarrollar enfermedades de todo tipo, como cáncer en la región genética o disfunciones sexuales importantes.

– Entonces – intervino Antônio – cuando estamos encarnados, oímos hablar de prácticas sexuales inapropiadas que son nocivas. ¿Cómo puede el hombre mantener sus relaciones basándose en principios tan rudimentarios?

– Amigo – respondió Saúl – como siempre, no podemos juzgar, solo podemos orientar y enseñar dentro de los conceptos cristianos que son los fundamentos de nuestra vida. El sexo tiene una clara función de procreación y debe practicarse dentro de un ambiente de amor y equilibrio. Fuera de esto, la práctica de la pedofilia, la zoofilia, la necrofilia[10], el sadismo, entre innumerables otras que podríamos mencionar, son temas que deben ser remitidos a los tribunales médicos y los practicantes deben ser considerados enfermos del espíritu y del cuerpo.

Se produjo una pausa en la sala. Poco después, Almería, cambiando el rumbo de la conversación, afirmó con visible mirada de asombro:

– Entonces podemos concluir que lo que acabamos de ver es una especie de obsesión.

– En cierto modo sí – respondió Saúl –. La compulsión sexual, además de considerarse un tipo de enfermedad, abre la puerta a diversas obsesiones. La imperfección moral provoca la búsqueda de desviaciones sexuales para llenar vacíos de valores olvidados o incomprendidos a lo largo de vidas sucesivas. Por tanto, el silencio de los recuerdos de vidas pasadas brinda una gran oportunidad para rehacer y reparar los errores cometidos en el pasado. De esta manera, las personas encarnadas y desencarnadas, que comparten los mismos deseos sensuales y que presentan insatisfacciones en materia de sexo, buscan diferentes alternativas para satisfacer su interminable deseo. Se alimentan de la energía magnética que envuelve estos encuentros en torno a la sexualidad y allí establece simbióticamente una situación favorable al

---

[10] Nota de la médium: pedofilia (sexo con niños), zoofilia (sexo con animales) y necrofilia (sexo con cadáveres).

vampirismo, en consecuencia, instauran en la mente del encarnado la obsesión o adicción al sexo a cualquier precio.

— Si el sexo es una cuestión divina, ¿por qué entonces el hombre encarnado es más susceptible a la fascinación, adictivo al placer y olvida que las uniones vienen del cielo y no de la materia? — Preguntó Almería.

— Amigo eterno — dijo Saúl —, el sexo es una expresión positiva de la calidad humana, siempre que esté bien gobernado y controlado. Las verdaderas uniones, ya sean expiatorias, que requieren ajustes por otras vidas, o las consideradas felices y misioneras, provienen de los cielos y se inscriben en un plan individual, preparado sabia y amorosamente para cada encarnación, considerando la condición moral de cada persona.

No hay unión sin razón, y no hay razón para que no haya unión. En el momento en que el espíritu regrese a la Tierra, estará en contacto con la materia y así, ante ella, estará enfrentando dificultades que pondrán a prueba su fe.

— Sin embargo, lo que observamos sobre el terreno — prosiguió Almería —, son parejas atrapadas en las trampas de la infidelidad.

Luego de una breve pausa, Saúl suspiró y no ocultó su preocupación, pero como un maestro paciente, continuó:

— Las parejas desorientadas, intentando justificar el aburrimiento, la rutina y la posible monotonía de la convivencia, se sumergen en la fascinación y la seducción en busca de satisfacer los defectos existentes en su personalidad espiritual. La sexualidad entre los hijos de Dios existe debido a la atracción magnética que mencioné, el sentimiento que los une, ya sea el amor y la necesidad de crecimiento espiritual.

De esta manera, las relaciones y matrimonios efectivos se convierten en verdaderos valles de sufrimiento e infidelidad, pero olvidan que el compromiso de reparar lo dejado atrás ha desaparecido ante Dios. Cuando hombres y mujeres toman el camino de la infidelidad, escuchando sus debilidades emocionales, adquieren un mayor número de defectos en torno a sí mismos y a su sexualidad que pueden tener consecuencias en sus vidas actuales a través de enfermedades sexuales conocidas, transmitidas o por dudas sentimentales que solo serán corregidas a través de muchas vidas.

– Entonces, ¿podemos concluir que si en una encarnación se busca, a través del pensamiento y el desapego del espíritu durante el sueño, el mundo espiritual en zonas inferiores para encontrar sexo, es una forma de adulterio? – Preguntó Almario.

– Sí. El adulterio es una expresión y una actitud resultante del primitivismo de la Humanidad a lo largo de la evolución histórica de la Tierra. Sin embargo, con la ayuda de la educación espiritual, será desterrada del planeta cuando el hombre encuentre dentro de sí mismo la responsabilidad ante Dios y ante los demás.

"Nadie hace daño a nadie sin antes hacerse daño a sí mismo", porque quien ama es fiel y sabe que las relaciones afectivas no se dan por casualidad, sino a través de un plan de vida escrito por el Señor.

A lo largo de la historia, la poligamia fue una de las disciplinas que marcó el camino de la Humanidad. Por otro lado, también marcó los compromisos expiatorios de muchos hijos de Dios que aun hoy están en proceso de ser rescatados.

La poligamia no fortalece los vínculos afectivos y elevados del amor, solo fortalece los vínculos en torno a la sensualidad y el sexo. Una vez que se establece una unión entre los hijos de Dios, comienza una historia basada en la ética, el amor, la perseverancia y, sobre todo, el compromiso con uno mismo, con los demás y con Dios.

– En la Medicina están catalogadas numerosas enfermedades y también observamos que hay un distanciamiento en el tratamiento con los conceptos de Jesús – dijo Felipe.

– ¿Cómo podría ayudar el Espiritismo en la curación de aquellos que consideramos enfermos sexuales?

– Hijo – dijo Saúl –, el primer amor como nos enseñó Jesús: solo amor, sabiduría y comprensión. Quien se ame a sí mismo busca en la instrucción su elevación y reforma el conjunto de valores morales necesarios para su evolución. Con estos valores respetas a los demás porque estás en ellos el reflejo de su propia imagen.

Las instituciones espirituales son centros preparados para ayudar a cualquier persona que lo necesite, afectados, entre otras enfermedades, por desviaciones sexuales. La práctica del pase, la oración y, sobre todo, el estudio combinado con un cambio de actitud, mejorarán la personalidad, haciéndola actuar para el bien.

Sin embargo, ninguna terapia sería valiosa sin el Evangelio; ahora, que es el agente activo del medicamento. Cuando él, el Evangelio, entra por las puertas de la mente y del corazón, entonces el imperio de la luz se establece dentro de nosotros como parte del ser, protegiéndolo de cualquier influencia de baja frecuencia que pueda conducir a la derrota.

Hubo una pausa en el ambiente, Saúl escuchó pacientemente las dudas de los presentes y lúcidamente las respondió una a una con cariño. Antônio, curioso, preguntó:

– Siempre he visto diferentes situaciones en la Tierra en torno al sexo que me causó muchas dudas. Sin embargo, todo lo que he presenciado durante este período en el que fui llamado a proteger la casa de Fátima me ha causado asombro. Entonces, ¿es legal el sexo libre como el que acabamos de presenciar?

Saúl, después de un breve suspiro, respondió respetuosamente:

– No hay sexo sin compromiso emocional. Cada uno es libre de elegir su camino y quién caminará junto a él, pero recordemos que una de las causas más importantes del sufrimiento son las malas decisiones.

No hay buena elección sin tener como base la instrucción, especialmente espiritual, así como el fundamento moral.

Las elecciones se hacen respetando el libre albedrío de cada persona, sin considerar la Ley del Amor y la Ley Divina que dirigen a cada persona al camino evolutivo o al estancamiento, aunque sea difícil vivirlas en plenitud. Antes que prevalezcan los deseos carnales, es importante observar los deberes asumidos respecto del amor, recordando que los valores espirituales y divinos deben prevalecer sobre las necesidades humanas. La voluntad de Dios es la base para que los compromisos de la vida sean armonizados, sin dudas ni desequilibrio del propio ser.

Debemos recordar – continuó Saúl – que si hay algún hijo de Dios que, tal vez, haya caído en la red del sexo descontrolado, llevándolo a la locura en cuestiones que gobiernan el corazón, tengamos compasión y pidamos al Señor misericordia, ya que no nos corresponde a nosotros ni a nadie juzgar, sino ayudar e indicar siempre el camino de justicia con Jesús y de luz a través de la instrucción.

– Te confieso – dijo Antônio con cara de dudas –, que me quedé impactado por lo que presencié. ¿Cómo los encarnados pueden someterse la perversidad de los desencarnados, estableciendo con ellos difícil formar un vínculo sexual solo para satisfacer sus deseos más íntimos?

– Querido amigo – dijo Saúl –, las vibraciones sexuales ofrecen la continuidad de la vida. Sin embargo, muchas áreas inferiores permanecen activas porque los propios encarnados, a través de sus pensamientos y actitudes, fortalecen las energías densas de estas regiones y se nutren debido a sus fijaciones sensuales y sexuales, sus adicciones, llevándolos al agotamiento físico y al compromiso espiritual.

El control sexual es necesario y para eso es importante que las parejas mantengan comunicación sexual para comprender las diferencias y buscar a través de la confianza y el respeto fortalecer el vínculo emocional, establecido incluso antes de su nacimiento en el cuerpo físico.

– El Señor ofreció a cada uno de sus hijos la oportunidad de elegir – afirmó Almería –. El sufrimiento en la Tierra se intensifica porque, la mayoría de las veces, las decisiones son equivocadas. En materia de relaciones, el hombre todavía necesita comprender que la antigua máxima "conócete a ti mismo" debe ser explorada y sigue vigente. Si nos conociéramos a nosotros mismos controlaríamos nuestros impulsos y encontraríamos en los demás un gran maestro para equilibrar nuestras emociones.

– Tu observación es correcta, Almería – intervino Saúl –. Con base en este principio, las conexiones entre los encarnados no serían perjudicadas por el simple deseo físico en cualquier forma o por la búsqueda de placeres fáciles e injustos, sin rupturas con la planificación de las reencarnaciones, que abarca a todos los que regresan a la Tierra.

Es importante mejorar sus mentes, donde vive un fiel retrato de la historia de sus vidas y de sus personalidades. Sabiamente, el apóstol Pablo dijo: *"Todo me es lícito, pero no todo conviene; todo me es lícito, pero no todo edifica."*[11]

Es fundamental aprender a cerrar los vicios y comprender que cada vida es una escuela que enseña, persigue con vehemencia las disciplinas necesarias para ser mejores de lo que éramos ayer, así lo dice nuestro amigo Ferdinand, ministro de la Ciudad de Jade.

– En este período de transición en el que se encuentra la Tierra – dijo Felipe – es importante que comprendamos las decisiones tomadas. La maduración es la base de una buena

---

[11] Nota del autor espiritual (Saúl): I Corintios: 10–23.

cosecha, pero no hay sabiduría sin antes experimentar una conexión. Además, siempre debemos recordar la instrucción que fue transcrita en las enseñanzas espirituales:

"Todas nuestras acciones están sujetas a las leyes de Dios. No hay nada más insignificante que nos parezca que no pueda ser una violación de esas leyes. Si sufrimos las consecuencias de esta violación, solo debemos quejarnos de nosotros mismos, lo que de esta manera nos convierte en la causa de nuestra felicidad o infelicidad futura."[12]

– Hijo mío – intervino Saúl afectuosamente –. Estoy de acuerdo con tu correcta observación. La aplicación del sexo debe ocurrir a la luz del amor, ya que es un atributo eterno de la naturaleza. Ningún individuo dejará de experimentar las consecuencias de sus actitudes. Cada persona es responsable de los acontecimientos de su vida. Sin control es imposible escapar de las responsabilidades.

Un minuto de placer irresponsable podría representar un milenio de sufrimiento, si se tiene estado sin conciencia, respeto y amor. Es importante aclarar que no estoy difundiendo el concepto de abstinencia, sino de una práctica responsable y controlada, exaltando la máxima de Jesús: *"amarás a tu prójimo, como a ti mismo."*[13]

~ O ~

Mientras tanto, una enfermera solicitó la presencia de Saúl en la enfermería para atender un caso que merecía, entre otros, mayor atención. Con cariño y respeto, antes de partir, Saúl concluyó:

---

[12] Nota del autor espiritual (Saúl): KARDEC, Allan. El Libro de los Espíritus. FederaciónEspirita Brasileira (FEB). Río de Janeiro: 1995 – pregunta 964.

[13] Nota del autor espiritual (Saúl): Marcos, 12:31.

– Amados amigos, debemos recordar que estamos trabajando en el nombre de Dios. Las fuentes mentales y sexuales son fuertes y están vinculadas a un conjunto de lecciones que aun deben entenderse.

por la Humanidad, lo que trae a la mente imágenes infantiles que demuestran que es necesario

control, equilibrio, discernimiento y asistencia.

La Tierra, en su proceso evolutivo, ya pasó por muchos momentos de locura, pero el Señor fue el primero en perdonar y dijo: "El que de vosotros esté sin pecado, que tire la primera piedra".[14]

Así, en silencio y con el corazón enfocado en ayudar a los demás, aquellos emisarios del bien, inmediatamente retomaron las actividades que los esperaban en la Ciudad de Jade.

---

[14] Nota del autor espiritual (Saúl): Juan 8:3–11.

CAPÍTULO 6 Después de una Noche de Orgía, la difícil realidad

"¿Quieres traer una lámpara para poner debajo de un celemín o debajo de la cama?"

Marcos, 4:21

Mientras tanto, al día siguiente llegó Ricardo a su residencia para almorzar.

Después de saludar cariñosamente a su esposa Fátima, permanecieron juntos en una conversación trivial. Al cabo de un rato preguntó:

– ¿Dónde está Adrián?

Fátima no ocultó su mirada de desesperación, intentando en vano sortear la situación, cambiando el rumbo de la conversación:

– Querido, hoy preparé tu plato favorito – Fátima, tratando de ocultar su nerviosismo, continuó –. Seguí la receta de tu bisabuela. Debe estar rico y, además, hoy celebramos nuestro aniversario de bodas. Tenemos que celebrar.

Ricardo al darse cuenta que la actitud de su esposa era intentar ocultarle algo y proteger a su hijo, inmediatamente se levantó y se dirigió a la habitación de Adrián. Ella, visiblemente aterrorizada, intentó, sin éxito, calmar a su marido:

– Por Dios, no le hagas nada. Somos padres y debemos tener comprensión, él te necesita.

Éste, cegado por el nerviosismo, abrió con fuerza la puerta y encontró a Adrián durmiendo profundamente.

En lo invisible, seres temporalmente vinculados a las sombras permanecían en la habitación como guardianes que velaban el sueño inquieto de Adrián.

Ricardo, ajeno a estos hechos, abrió violentamente la cortina y los rayos del sol invadieron el lugar. Adrián, incómodo, balbuceó algunas palabras:

– Déjame dormir. Sal de aquí ahora mismo.

Antes de terminar la frase, Ricardo arrancó las sábanas y sin contener el impulso gritó vorazmente:

– Levántate, holgazán. Ya es pasado el mediodía y todavía estás en la cama. Eres un inútil que no quiere nada de la vida, excepto estar con Alex, otro holgazán que vive una vida vacía entre noches de fiesta y muchas cosas. Suficiente para mí. No patrocinaré tus placeres, ni tus locuras juveniles.

Cuando yo tenía tu edad ya estaba casado con tu madre, construyendo nuestra vida con mucho sacrificio y soñando lo mejor para nuestros hijos – con una lágrima corriendo por su rostro, continuó Ricardo.

– Dios, ¡¿qué hice para merecer tal sacrificio?! Ya no puedo apoyar a alguien como tú que, lamentablemente, es mi hijo. Tantos sueños que ahora, para mí, no son más que oscuras pesadillas.

El ambiente cada vez más tenso presagiaba lo peor. Densidad, resultado de sentimientos endurecidos del odio y la incomprensión, contribuyeron a hacer el escenario propicio para la acción de las sombras.

En ese momento, seres semianimalizados formados en virtud de sus mentes enfermas, a través del magnetismo mental, sometieron a Adrián a hilos grisáceos conectados a su sistema nervioso central, intensificando el odio en su corazón contra su padre.

Adrián, cegado por la inconsistencia juvenil e incapaz de liberarse de la difícil armonía mantenida con aquellos hijos temporalmente alejados de Dios, se rindió fácilmente a sus leyes.

El joven, manipulado por las sombras y totalmente envuelto por ese oscuro sentimiento de odio, y transformado por una fuerza hercúlea y una ira incontrolable, se lanzó contra Ricardo con el objetivo de golpearlo.

Mientras tanto, sin emitir juicio alguno, Saúl, acompañado de dos amigos, Almería y Felipe, se plantó frente a Ricardo y juntos formaron un escudo protector, impregnándolo de un profundo amor, que impedía la acción de aquel corazón endurecido. Mientras tanto, Antônio, el amigo de Saúl, quien fue designado por la Ciudad de Jade para proteger esa residencia y acompañarlos en el Evangelio en el Hogar, pronto acudió a la protección del tierno corazón de aquella sufrida madre, derramando sus pases iluminados para para calmarse y no sufrir un infarto de miocardio.

Tras la acción de los emisarios de Jesús, Fátima, a pesar de mostrar visible desesperación, actuó con lucidez, sosteniendo a su hijo de los brazos, anulando cualquier actitud, lo miró a los ojos y dijo:

– Hijo mío, te lo ruego: no hagas esto. Por mi hijo, no hagas esto, porque te arrepentirás toda la vida. No lo lleves a tu corazón. Él es tu padre y a pesar de todo lo que hemos pasado, te amamos.

En ese momento, Adrián inexplicablemente se calmó. La desesperación de Fátima fue el freno para detener el impulso irreflexivo de hacerlo. Para ese momento, el amor maternal, combinado con la acción bendita de esos emisarios de Jesús, habían superado las sombras del odio.

~ O ~

Mientras tanto, en lo invisible, la necedad de aquellas criaturas atormentadas seguía alimentando el sentimiento de odio que se reflejaba en el mundo físico. La vanidad y el orgullo de Adrián eran evidentes. Con los ojos rojos, miró a su padre y le dijo:

– Desgraciadamente soy tu hijo, tu vergüenza. Siempre me pregunto: ¿por qué nací aquí? Estoy harto de tus reglas. Te crees un Dios y ya no tolero tus órdenes. ¿Quién crees que eres? – Dijo Adrián, con una visible expresión de odio –. Voy a volver a la universidad ahora mismo.

Con lágrimas de dolor marcando sus mejillas, Fátima, con dificultad, logró calmar el ambiente.

– Querido, no me digas eso. Te amamos, siempre estaremos a tu lado y sé que todo esto pasará. Es solo una mala etapa que pronto se alejará de nuestra casa – secándose la lágrima, Fátima continuó:

– ¿Recuerdas cuando eras solo un niño y tú y tu padre siempre estaban unidos por un amor incondicional? Donde estaba Ricardo ahí estabas tú, junto a él, en todos lados y ahora no podemos dejar que eso termine por este período de sombras que ha caído sobre nuestro hogar. Te lo pido en el nombre de Jesús: cálmate.

Adrián escuchó las palabras de su madre y, por respeto, guardó silencio. Fátima tomó con cariño la mano de su marido y lo llevó a la cocina para intentar servirle la comida.

Tiempo después, un fuerte golpe en la puerta principal anunció que Adrián había cumplido su promesa. Sin despedirse, se subió al lujoso auto y regresó a la ciudad donde se encontraba su universidad.

Fátima se secó discretamente las lágrimas involuntarias que caían de sus ojos tristes. Con dificultad, pero cumpliendo con los deberes de esposa, sirvió a su marido que estaba sentado a la mesa con la cabeza inclinada.

Ella, con cariño, tratando de hablar y suavizar el corazón de Ricardo, dijo:

– Querido, es nuestro hijo y debemos tener paciencia. Dios nos encomendó esta tarea porque podemos soportarla – tomando la mano de Ricardo continuó:

– Fuiste mi primer amor. Hasta el día de hoy vivo a tu lado como el día que nos conocimos. Sabes que nuestro amor puede sobrevivir con lucidez a los problemas que pasamos con nuestro Adrián. Es joven y confío en que esta fase pase pronto. Él se graduará, se hará cargo de tu negocio y será juntos, involucrados en el trabajo. No sé dónde nos equivocamos o si nos equivocamos, pero debemos confiar en Jesús y creer que mañana será mejor.

Ricardo escuchó las palabras de Fátima y, sin omitir las lágrimas de ira, intervino:

– No es más que un joven mimado. Siempre encubrías sus faltas, aunque yo intentaba corregirlas.

El exceso de amor también distorsiona. No me eximo de responsabilidades, pero a partir de ahora seré más duro – las sucesivas soluciones demostraron su moderación –. Nunca toqué a Adrián y ese niño que tanto amaba desde pequeño, hoy parecía un animal enloquecido hacia mí, actuando con indescriptible violencia.

En una breve pausa para reagruparse, Ricardo continuó:

– Me educaron bajo reglas estrictas y mi padre nunca permitió que le faltáramos el respeto. Intenté hacer lo mejor para nuestro hijo y sé que no soy el padre que soñaba, pero intenté lo mejor que pude para educarlo – después de un largo suspiro, Ricardo entró en la tela, continuó –. ¡Oh Dios! Fallé.

– No me digas eso – dijo Fátima afectuosamente –. Si fallaste, créeme, yo también fallé, pero confío en el Señor y sé que Él no nos dará nada que no podamos soportar. Si Adrián está aquí con nosotros es porque Dios espera que le ayudemos a encontrar la luz.

– Siempre tienes pensamientos positivos.

Ante tan compleja situación, suspirando, Ricardo continuó:

– Por eso siempre te he amado y hasta he pensado en abandonarlo todo, pero no lo hice por ti. No puedo entender por qué nuestro hijo, que lo tiene todo, actúa de esta manera. Un joven inteligente, con todas las posibilidades de brillar, tiene una actitud así.

Cuando ingresó a la universidad, aunque estaba orgulloso, confieso que mi corazón estaba preocupado. Pronto llegaron las amistades, especialmente Alex, quien lo influyó con sus noches vacías. No pasó mucho tiempo para transformar a nuestro dedicado y amado hijo en este joven que ni siquiera reconocemos.

Soy consciente que no está involucrado con drogas, solo salidas nocturnas y sexo loco. Pero créanme, ya no apoyaré la vida que lleva. Por ahora solo puedo decir que solo cubriré los gastos de la universidad, si no busca trabajo, no tendrá dinero de mi parte para sus locas noches de placer.

– Comparto tus pensamientos – dijo Fátima, visiblemente nerviosa –. Él era una persona antes de la universidad y hoy es otra. Así mismo, confío en Dios y sé que Él ayudará a nuestro hijo, porque en la esencia de Adrián hay un poquito de los dos y confío en que todo esto sea solo una fase.

Ricardo no pudo contener las lágrimas y entre lágrimas convulsivas dijo:

– Desearía tener la misma confianza en Dios que tú, pero ahora mismo mi corazón está hecho pedazos. Vergüenza y desesperación es lo que siento. Quiero creer en el mañana, pero solo un milagro podrá sacarlo a la luz.

El otro día, ese cliente llamado Néstor, con quien entablé una gran amistad, me habló del Espiritismo del que ahora eres fan. No puedo explicarlo en términos de razón, pero hablamos de padres e hijos a la luz de conceptos espirituales. Dijo que los vínculos carnales no establecen vínculos espirituales. Casi estoy aceptándolo.

– Querido, vamos conmigo a la institución espírita, estoy segura que el mismo consuelo que yo he recibido, tú también lo recibirás.

– Todo en el momento justo – dijo Ricardo, ignorando el plato. Se levantó y terminó:

– Bueno, perdí el apetito, volveré a mis tareas y calmaré mi mente. Nada mejor que trabajar para curar las dolencias que se dice que no tienen cura.

Sin despedirse, aquel hombre salió de la habitación en doloroso silencio, llevándose consigo el dolor y las marcas en su alma de aquellos momentos pasados con su hijo.

Fátima, sin contradecirlo, respetó la actitud del marido.

~ O ~

La situación de esa mujer era digna de compasión. Con dificultad se sentó en una silla. Un torrente de lágrimas mojó sus mejillas y una tristeza visible llenó su corazón. Lo único que podía hacer era permanecer en su soledad y buscar fuerza en la oración. Secándose las lágrimas, entre sollozos, oró:

– ¡Señor! Sé que muchas faltas marcan mi vida, pero como una hija en total desesperación, pido misericordia. No pido nada por mí, sino por mi esposo y mi hijo para que la paz regrese a mi hogar.

Recientemente descubrí el Espiritismo y sé que alguien invisible, Señor, designaste para ayudarme en esta difícil tarea de ser madre, así como para velar por mi hogar. Soy consciente, por lo que he aprendido, que existe mi sexto día no puede ser de esta vida. No tengo la intención de rastrear el pasado, pero oro por comprensión y aceptación para que diferencias tan enormes puedan resolverse dentro de su ministerio de amor, equilibrio y compasión.

Dentro de tu corazón generoso te ruego que el pasado que pudo ser causa de este desacuerdo se convierta en luz y si el perdón no es posible ahora, enséñales a vivir juntos, respetándose unos a otros hasta el último día que ilumine su existencia.

Ricardo fue y es mi primer y único amor, así como lo soy para él. Nos casamos muy jóvenes y no me arrepiento de mi elección.

Lo haría todo de nuevo porque sé que esta elección fue parte de mi vida. Temo por el mañana.

Con un corazón libre de cualquier otro sentimiento ajeno a tu voluntad, como madre y esposa, de rodillas te ruego:

Si, Señor, puedes escuchar mi llanto, te pido paz y fortaleza para enfrentar todo lo que está por venir."

Cubriendo su rostro con sus manos, esa mujer sintió una paz inexplicable invadiendo su corazón y aliviando su dolor, un dolor que ardía en su alma.

Mientras tanto, sin ser vistos, Saúl y sus amigos observaban a Fátima con compasión, permaneciendo en vibraciones después de escuchar la oración sufriente de aquella madre.

Con amor se derramaron sobre aquel corazón materno, una luz azulada que penetró en su pecho, resultando en un alivio sublime en el cuerpo físico.

CAPÍTULO 7 Sublime Reaproximación

"Es como una semilla de mostaza que, una vez sembrada, crece y se convierte en la más grande de todas las hortalizas y crea grandes ramas..."

Marcos, 4:31– 32

Más de treinta días siguieron a los hechos denunciados.

Ricardo, aun con el corazón herido por los hechos vividos, estaba preocupado por su hijo y su amor paternal era evidente. Fátima buscó con amor cada oportunidad para calmar los pensamientos de su marido, haciéndolo ceder y darle la bienvenida a Adrián de regreso a su casa.

En ese fin de semana inolvidable llegó Adrián. Con amor, Fátima fue inmediatamente a recibirlo.

– ¡Hijo! ¡Mi querido! Estoy muy feliz que estés con nosotros.

Luego de un cálido abrazo, Adrián, depositando un beso en la frente de su madre, dijo:

– Mamá, me sorprendiste – dijo Adrián –. Después de todos esos hechos violentos que vivimos, creí que mi padre ya no me hablaría, pero me equivoqué. Al llamar aquí me habló con mucho respeto y cariño. Me preguntó cuándo volvería. Pensé que nunca me perdonaría.

Con tristeza continuó:

– No puedo entender lo que me pasó ese día.

Una fuerza mayor que mi ser tomó control de mí. Me quedé ciego, envuelto por un odio incontrolable e inexplicable.

Triste y pensativo, Adrián continuó:

– Nada justifica mi acción, porque amo a mi padre, siempre lo he amado. Después de todo lo sucedido, reflexioné sobre los hechos y me di cuenta que estaba equivocado. Durante días estuve amargado por mi actitud. No sé cómo explicártelo, pero una noche sentí ganas de orar y así lo hice. Recé y fue como si mi corazón recibiera un bálsamo inexplicable. Fue maravilloso pedirle perdón al Señor.

Papá y yo somos diferentes en muchos aspectos, pero ese escenario no justifica lo que pasó. Él y yo siempre fuimos amigos, pero después que comencé la universidad él pareció rebelarse. Recuerda, él fue quien me obligó a dejar la ciudad para estudiar en otro lugar. Dijo que esta experiencia me haría más maduro.

– Los padres siempre perdonan, pero tú también debes hacer tu parte. Nada de encontrarse con Alex ni fiestas – con una amplia sonrisa, Fátima continuó:

– Te quedarás con nosotros y en paz.

– Es lo que más quiero. Estuve pensando en muchas cosas y después de ese día aprendí algunas lecciones. Me enseñaste la importancia del respeto y lo olvidé. Créeme, me esforzaré mucho en no decepcionarte más.

– Hijo – dijo Fátima – nunca nos has decepcionado, pero tus actitudes a veces son contradictorias. Parece que tu alma no cabe en tu cuerpo y que estás bajo una gran influencia espiritual.

– Mamá, aquí vienes con esta historia sobre el Espiritismo.

– Sí, hijo, estamos expuestos a sufrir influencias beneficiosas y perjudiciales. Para encaminar nuestra vida hacia el bien es necesario cambiar de actitud – continuó sonriendo –. Estoy muy feliz, porque gracias al Señor, tu padre comenzó a asistir a la institución espiritual junto conmigo y la paz volvió a nuestra casa. Ahora mi sueño es llevarte allí.

Adrián abrazó espontáneamente a su madre y le dijo:

— Si te hace feliz, iré contigo.

— ¡Querido! Sí, sería la mayor felicidad y el mayor regalo que podría ofrecerme.

Al entrar a la cocina, el joven notó que su madre estaba organizando una fiesta. Curioso, Adrián preguntó:

— ¿Para quién estás preparando todo esto?

Para Sabrina. Hoy es su cumpleaños y nos invitaron. Irás con nosotros y te comportarás con respeto y cortesía.

— Mamá, no quiero aburrirme. Esta fiesta en casa debe ser aburrida. Alex me invitó a ir a un bar que abrieron en la ciudad vecina.

— No te atrevas a decir que no irás y te ruego que no hables de Alex en presencia de tu padre – sonriendo afectuosamente.

Fátima continuó:

— Por lo que recuerdo, Sabrina te gustaba mucho, desde pequeña. Solo se separaron después de la adolescencia. Además, tu padre estaría muy feliz. Recuerda que prometiste que te quedarías con nosotros este fin de semana, así que compórtate.

— Así es, iré contigo – Adrián abrazó a su madre, continuó:

— ¿Cómo puedo ir contra las reglas de doña Fátima que siempre quiere ver a todos bien y felices?

Ella no ocultó su amplia sonrisa. Luego de un cariñoso abrazo, le dio un beso a su hijo. Entonces, esos corazones volvieron a sus tareas, esperando el momento para ir a la casa de Rita.

~ O ~

Al final de esa tarde, Fátima y Ricardo pusieron los materiales de la fiesta de Sabrina en el auto. Adrián, aunque estaba molesto, en silencio, se tranquilizó y continuó hacia la casa de Rita.

Cuando llegaron, Rita los recibió con una enorme muestra de cariño y respeto. Mientras las mujeres iban a la cocina, Ricardo y Adrián salieron al salón exterior, donde Alberto, entre sucesivos tragos de bebida fuerte, charlaba con más amigos. Al ver al marido de Fátima y a su hijo, los saludó fríamente y les dijo:

– Bueno, vengan, únanse a nosotros. Veo que tu hijo es un hombre adulto, hace mucho que no lo veo.

– Estudia en otra ciudad – dijo Ricardo.

Además, tiene muchas obligaciones que te impiden quedarte en la ciudad por motivos de trabajo. Debido a esto, ya no puede ver cómo les va a sus amigos ni monitorear el crecimiento de los chicos aquí.

El orgulloso Alberto, ignorando las palabras de Ricardo, habló con extremo orgullo y vanidad, demostrando el lujo en el que vivía y ensalzando sus bienes materiales. Algunos amigos compartieron esa conversación con entusiasmo:

– De hecho ya no estoy en esta ciudad, solo vengo aquí unos días al mes – con desprecio, continuó Alberto –. Esta vida interior me aburre. Hoy puedo decir que sé lo que realmente significa vivir. Mi entorno social me exige mucho y ustedes son solo los hombres sencillos de este lugar olvidado de Dios.

Alberto le dio a Adrián una mirada fría y le preguntó:

– ¿Y tú, jovencito? ¿Cuáles son tus planes profesionales?

– Todavía no he formulado ningún plan – dijo Adrián –. Solo tengo la intención de graduarme y luego veré qué hacer.

– ¿Cómo es que no estableciste ningún plan? A tu edad ya sabía lo que quería: dinero, pruebas, estatus social, una posición de liderazgo. No puedo aceptar que alguien no tenga ambiciones. Eres igual que todos los hombres de este lugar – con ironía y en medio de una sonora carcajada, Alberto continuó:

– A lo sumo serás otro de los hombres de esta ciudad que se pasan la vida sentados en la banca del parque, mirando el tiempo pasar frente a sus ojos.

El rostro de Ricardo cambió, Fátima al darse cuenta que esa conversación podría traer algún tipo de conflicto, dijo:

– Hijo mío, ¿podrías ayudarnos por un momento? Sal y tráenos más hielo.

Adrián no lo dudó. Inmediatamente se retiró, dejando que los hombres hablaran. Después de entregarle el hielo a su madre, él, aburrido, fue a tomar un poco de aire, cuando se encontró con Sabrina y sus dos amigas en una animada conversación.

Cuando lo vio, no ocultó el sonrojo en su rostro.

Se acercó y se unió a las jóvenes.

La noche transcurrió sin piedad, tras las festivas felicitaciones de cumpleaños, los invitados se despidieron. Mientras tanto, doña Amelia permanecía apática, sentada en una silla de la cocina y Fátima, con dedicación, ayudó a Rita a organizar los platos.

Alberto, borracho, se retiró y se fue a dormir. Ricardo recogió las pertenencias de Fátima. Mientras tanto, Sabrina, con dedicación, recogía los desechos de la fiesta en la sala, cuando Adrián se acercó y le ofreció ayuda.

Ella, avergonzada, aceptó y allí los jóvenes quedaron en conversación trivial, generando el sonido de risas que se escuchó en la sala.

Tiempo después, Fátima y Ricardo llamaron a su hijo para que se fueran.

Adrián y Sabrina no pudieron ocultar su felicidad por compartir momentos juntos. Allí estaba el marco de una historia de amor que vivirían estos personajes a lo largo de estas páginas.

CAPÍTULO 8 Desvío de Ruta, Triste Accidente

"Sígueme. Se levantó y lo siguió."

Marcos, 2:14

Los días transcurrieron sin muchos cambios en la vida de estos personajes.

En aquel inolvidable final de verano, en el campus universitario, Alex fue a encontrarse con Adrián, acompañado de otro joven. El chico al verlo dijo:

– Y eso, ¿qué estás haciendo aquí? – Preguntó Adrián sorprendido.

– Mi amigo Paulo y yo vinimos a buscarte. Hoy es viernes y recibí invitaciones para ir a la inauguración de un bar campestre en la vecina ciudad de Leopoldo de Alcántara. Promete tener mucha asistencia y no faltarán mujeres, sexo, mucha diversión y mucha bebida.

En ese momento, sin ser vistos, un grupo de espíritus, visiblemente desde las sombras, llegó al lado de Alex, bajo las órdenes de Yara, mientras Adelina intentaba mantener a Adrián bajo su influencia directa.

Mientras la oscuridad actuaba de forma alocada, Antônio y Felipe, guiados por Saúl, intentaron proteger a Adrián de esa fuerte obsesión.

Adrián, sin darse cuenta que estaba bajo la protección de la luz, dijo:

– Lo siento, pero creo que es mejor para mí no ir. Le prometí a mi mamá que iría a casa este fin de semana porque es el cumpleaños de mi papá y no puedo fallar. Mañana haremos una fiesta para él. Si no voy, no me perdonarán – Adrián, pensativo, tras una breve pausa, prosiguió:

– Ya he tenido muchos roces con mi padre y sin saber qué pasó, estamos pasando por un período de paz. Me está respetando y sin que yo pueda explicarlo, es más paciente, un compañero nato que me sorprende cada día. Así que no quiero más problemas con él. Quiero mantener esta paz.

– ¿Qué es esto? – Dijo Alex, visiblemente afectado, sintiéndose traicionado e influenciado por la oscuridad –. ¿Ahora has decidido ajustarte a las reglas sociales y familiares? Tu discurso parece inadecuado para tu edad, lleno de patrones típicos de comportamiento anticuado.

Alex utilizó todos los argumentos e insistió vorazmente en que Adrián cediera y los acompañara en ese viaje.

– Además – dijo Alex, exhaustivamente – no tenemos coche y queremos que nos lleves allí. Puedes salir de la fiesta directamente a casa de tus padres. ¡Vamos! No dejarías a tu amigo aquí sin un buen viaje para ir y volver.

Mientras tanto, en el mundo invisible, los enviados de Yara, encabezados por Adelina, solicitaron refuerzos. Aunque Antônio y Felipe actuaron con amabilidad y firmeza, fueron temporalmente derrotados. Adrián, atónito, respondió:

– Está bien. Iré, pero no podré quedarme por mucho tiempo. Tengo citas mañana con mi madre y no quiero faltar.

– Está bien, tú mandas amigo – dijo Alex satisfecho –. No te arrepentirás. Será una de esas noches que marcan nuestras vidas para siempre.

– Déjame prepararme y nos veremos pronto – dijo Adrián, visiblemente molesto.

Esa noche, por primera vez, Adrián no parecía en estado como los días anteriores. No estaba motivado para la fiesta y se preparó de mala gana.

Luego tomó las llaves de su auto y llamó a Fátima. Luego de avisarle del desvío de los planes, su madre, preocupada, dijo:

– Hijo, habíamos acordado que dormirías hasta tarde a casa hoy y mañana temprano prepararemos la fiesta de cumpleaños de Ricardo. Tu padre se alegró mucho de saber que tú estarías a cargo de todo, incluso decidió no ir a la panadería. Piensa mejor y vuelve a casa – Fátima, con voz ahogada, continuó:

– No es un chantaje emocional, Adrián, pero por primera vez siento algo extraño que no puedo explicar a través de las líneas de la razón. Una opresión en mi pecho saca lo peor. Sé que no servirá de nada pedirte que no vayas, así que ten cuidado en el camino, porque estoy preocupado por ti.

– Mamá, no te preocupes. No beberé nada, lo prometo. Y al conducir, prestaré atención y tendré todo cuidado en la carretera.

Tras despedirse, Adrián, sin perder tiempo, cogió las llaves del coche y se lanzó a pasar una noche loca.

~ O ~

Mientras tanto, Fátima en su casa, después de colgar el teléfono, permaneció por un momento en completa inacción.

Ricardo, al darse cuenta que algo molestaba a su esposa, se acercó. Fátima, con cariño, avisó a su marido de los hechos y luego le dijo:

– Mi amor, Adrián iba a una fiesta y nos dijo que estaría en casa a altas horas de la madrugada, y nos pidió que no nos preocupáramos. Sin embargo, no te lo puedo decir, de todas las veces que se fue, nunca sentí lo que siento ahora. Una inexplicable opresión en mi corazón anuncia lo peor.

– Cariño, eso podría ser un exceso de celo maternal. Conocemos a nuestro hijo, no debemos preocuparnos, puede ser intrascendente en algunas situaciones, pero si prometió estar aquí de madrugada, entiendo que estará.

– Tienes razón – abrazando a su marido, con voz firme, oró suavemente:

– Señor, por misericordia, he aquí una madre desesperada que te ruega: protege a mi hijo y que sea sostenido y guiado por tu luz, por manos de amigos invisibles, ángeles benévolos que no abandonan a nadie, solo cuidan y aman sin distinción.

~ O ~

La noche seguía siendo inquieta.

Inexplicablemente, Adrián se portó bien y no se pasó de la raya, pero Alex y su amigo no tenían límites.

Los excesos en todos los sectores, los sensuales baños en la piscina, entre otras situaciones indescriptibles, no impidieron que el amigo de Adrián participara de manera irracional, destilando solo placer y sexo.

Alex, que ya mostraba los efectos del alcohol, se volvió infeliz con un joven porque había actuado de manera irrespetuosa hacia su compañero. Una inevitable conmoción estalló en la habitación.

Los guardias de seguridad no tardaron en actuar con severidad y expulsar a Alex de la habitación.

Adrián, intentando calmar a todos, se acercó. Alex, gritando como si estuviera completamente poseído por una fuerza extraña, ordenó a sus amigos que subieran al auto. Alex, sintiéndose humillado por la situación, intentó irse rápidamente para evitar las miradas de desaprobación que le lanzaban.

Mientras Adrián colocaba en el asiento trasero al amigo de Alex, quien estaba inconsciente debido al exceso de alcohol, Alex tomó la llave del auto y se sentó en el asiento del conductor.

Adrián, preocupado por el estado de Alex, le pidió varias veces a su amigo que se llevara el auto, pero este no escuchó y gritó:

– Vamos, yo conduciré. ¡Entra pronto! Quiero salir de aquí lo antes posible. A pesar de no tener licencia, quiero mostrarles a estos ignorantes quién soy. Si salgo de aquí, verán con quién se metieron y no dudaré en tirarles el coche a esos tontos.

– No estás bien, has bebido demasiado – dijo Adrián desesperado –. Déjame conducir este auto.

– ¡Cállate, ven, yo conduzco! – Gritó Alex salvajemente –. Voy a mostrarles quién soy.

Adrián, desesperado, sin nada que hacer, siguió la orden de su amigo y respondió:

– Está bien; pero ojo, este es el auto de mi padre, lo conducirás hasta la siguiente calle, luego dame el vehículo y lo conduciré por la carretera.

Alex, cegado por el odio que invadía su ser, ignoró a su amigo. Con el objetivo de intimidar a los demás jóvenes, pisó con fuerza el acelerador y arrancó el coche imprudentemente. Luego de caminar unos metros desde el lugar, ocurrió lo inevitable.

Debido al nerviosismo y al exceso de alcohol, perdió el control. Chocó a gran velocidad contra un vehículo detenido.

En ese momento, Paulo, el amigo de Alex, que estaba borracho e inconsciente en el asiento trasero sin cinturón de seguridad, voló como un pájaro y atravesó el parabrisas. Debido al fuerte impacto, salió arrojado sobre el duro asfalto, en consecuencia, el traumatismo craneoencefálico fue evidente, anunciando lo peor.

Posteriormente, el coche chocó contra un poste y, sin soportar el impacto, cayó sobre el vehículo que circulaba delante.

Lamentablemente la suerte de Adrián no fue la mejor. Una vez despierto, quedó atrapado entre los fierros, mientras Alex, con dificultad, salió del auto, pero con pocos rasguños.

Ante la gravedad de la situación, como aun se encontraban cerca del bar, los guardias de seguridad del local y otros curiosos intentaron auxiliarlos y sin demora llamaron a la ambulancia.

Poco después llegó el rescate.

Para consternación de Alex, le informaron que su amigo Paulo no pudo resistirse. Los bomberos, con gran precisión y agilidad, cortaron los herrajes para salvar la vida de Adrián, que resultó gravemente herido.

Alex lloraba desesperadamente y recibía los primeros auxilios para sus pocas heridas, cuando un guardia, llamado Bastos, se acercó y notó que estaba borracho. Alex, tratando de liberarse de su responsabilidad, dijo:

– Señor guardia, el auto no es mío y yo no lo conducía. Mi amigo Adrián conducía.

– Joven – dijo el guardia – ¿crees que soy un tonto? Estás borracho, condujiste sin licencia, tu amigo está muerto y el otro amigo, al que quieres traspasar la responsabilidad de tus actos, está atrapado entre los restos del coche entre la vida y la muerte. Para evitar que se complique más de lo que ya es, lo mejor es guardar silencio, porque según testigos eras tú quien conducía. Tendrás mucho tiempo para explicarte ante el tribunal.

Además – continuó Bastos – ustedes, los jóvenes, salen de sus casas y piensan que una tapa de alcohol no hace daño a nadie. Se creen dueños de sí mismos y no se dan cuenta que la bebida es el pueblo de su propia existencia. Espero que cuando estés sobrio seas consciente de tus acciones.

El joven, sin ser plenamente consciente de lo que sucedía, solo recibió ayuda con un iluminado baño de amor. Felipe le acariciaba el cabello, mientras Saúl, que trabajaba junto a los paramédicos, decía:

– Tranquilo, de esta manera te ayudaremos, como aun no es momento de regresar al mundo espiritual, necesitas recuperarte y continuar. Cálmate, porque por estar encarnado, cuando despiertes no recordarás este momento.

Adrián se mantuvo sereno a pesar de la situación desesperada de su cuerpo, simplemente no pudo resistir el fuerte letargo que se apoderó de un rincón de su ser.

Mientras tanto, Saúl, apoyando al paramédico que luchaba por mantener con vida a Adrián, utilizó todas las herramientas a su alcance para resucitarlo y con paciencia y amor lo guio, sin que nadie se diera cuenta, en las maniobras correctas para no perder al paciente.

Tiempo después, el paramédico dijo sorprendido:

– ¡Gracias al Señor no perdimos a este muchacho! No sé cómo explicarlo, pero casos más simples que este no pudimos salvar. Dime que yo era pesimista, pero aquí ocurrió alguna intervención del cielo. Se detuvo el sangrado y reacciona a la reanimación, digo que fue un milagro. Ahora vayamos a urgencias sin demora.

Al sonido de las sirenas, Adrián fue trasladado al hospital, mientras Bastos finalizaba los trámites oficiales sobre el accidente.

Él, que había presenciado la lucha para salvar a Adrián, condolido, consiguió el contacto de sus padres. Acercándose a un amigo del trabajo, le dijo:

– ¡Por Dios! ¡Mira, el coche es del dueño de la panadería de Leopoldo de Alcántara, donde comimos las tartas de bacalao! Ese joven es su hijo – continuó Bastos, sin conformarse con la situación –. Yo también soy padre y nunca imaginamos lo que estos partidos son capaces de hacer: destruir familias y dejar cicatrices para toda la vida. Pobre padre, en casa, sin imaginar que su hijo se encuentra en estas condiciones. Yo mismo le comunicaré los hechos y que Dios tenga misericordia de él.

Bastos, respetuosamente, se comunicó con Ricardo. Él, al recibir la triste noticia, informó a Fátima de los hechos.

Ella, incapaz de contener su desesperación, se desmayó. Ricardo, asustado, ayudó a su esposa e inmediatamente llamó a Rita para que lo ayudara.

Rápidamente, Rita y Sabrina se dirigieron a la casa de Ricardo, mientras él contactaba a Néstor para ver qué sería mejor hacer.

Néstor llegó puntualmente y sin demora aquellos corazones fueron al hospital en busca de Adrián. Cuando llegaron, Néstor, haciendo uso de la posición de médico, habló con la persona de turno para conocer la situación de Adrián, quien se encontraba en la Unidad de Terapia Intensiva (UTI).

Poco después, Néstor se acercó a Ricardo, Fátima y sus amigos:

*– Amigos míos, lamentablemente el estado de salud de Adrián no es el mejor. Tiene una hemorragia severa, muchas lesiones que aun no se pueden concluir y, lo peor de todo, una pierna comprometida. Lo mejor es trasladarlo a São Paulo. Si estás de acuerdo, lo arreglaré todo.

– ¿Está mi hijo en riesgo de muerte? – Preguntó Fátima desesperada –. ¿No es mejor dejarlo aquí?

– Este es un hospital pequeño y no cuenta con las condiciones adecuadas para la atención. Entonces él está en riesgo – Néstor, tratando de calmar la situación, continuó:

– Iré junto a ustedes, en la ambulancia y lo vigilaremos hasta allí. Ahora lo importante es tener el permiso de los padres.

Ricardo y Fátima firmaron los términos y trasladaron a Adrián a un reconocido hospital de São Paulo.

~ O ~

Al llegar a la capital, sin perder tiempo, el joven fue recibido y se realizaron sucesivos procedimientos médicos tratando de salvarle la vida.

Mucho tiempo después, Néstor y un colega médico, responsable del turno, dijeron:

– Padres, tengan la seguridad que, a pesar de todo, su hijo estará bien. Nació de nuevo. Estamos sorprendidos, porque a pesar de las circunstancias, los primeros servicios estuvieron muy bien hechos. Sobrevivió a un paro cardíaco. Un pie fue masacrado, pero logramos restaurarlo. Sin embargo, los cuidados deben ser intensos hasta la completa recuperación. La cirugía de clavícula fue un éxito. Si eres religioso, créeme, tus oraciones han sido respondidas.

Las lágrimas de Fátima conmovieron a los presentes. Agradecido, Ricardo no omitió el alivio en su rostro.

– ¿Podemos visitarlo? – Preguntó Ricardo angustiado.

– Actualmente lo estamos internando en UCI, ya que su estado de salud merece una atención especial. No te preocupes. Estará bien y podrás visitarlo pronto.

Así, esos corazones, bajo la protección del plano espiritual mayor, esperarían los días venideros para organizar con fe sus existencias para un mañana mejor.

~ O ~

Con la ayuda del equipo de Saúl y la competencia médica terrenal, Adrián se recuperó.

Los difíciles días en el hospital los compartió con el cariño de Rita y Sabrina, quienes se turnaron para ayudar a Fátima en la difícil misión.

Sabrina nunca estuvo ausente del lado de Adrián, lo que hizo crecer entre ellos un amor pleno y seguro.

Esa mañana, Ricardo, que había pasado la noche en el hospital, terminó su desayuno leyendo un periódico, mientras Fátima observaba detalladamente cómo las enfermeras terminaban sus cuidados matutinos con el paciente.

Ya acomodado en la cama limpia, Adrián mirando a su padre, llorando dijo:

– Padre, perdóname. Te ruego que no me abandones y reconozcas lo tonto que fui al no escuchar tus consejos y los de mi madre. Cuando entré a la universidad, parecía como si mi mente estuviera dominada por una fuerza ilusoria de placer y tranquilidad. No imaginé que pudiera estar tan mal. Tú eres para mí mi fundación y lo que quiero ahora es recuperarme y empezar una nueva vida. Para esto necesitaré tu apoyo.

– Hijo, no importa por lo que hayas pasado. Pasado es pasado. Tenemos una vida por delante y siempre podrás contar conmigo. Lo más importante es que estás vivo y que has aprendido la conexión que esta situación enseñó. Eres joven y aunque tus actitudes son muy desordenadas a veces, durante días quise rendirme, pero una fuerza mayor me dijo que tuviera paciencia. Esta fuerza se llama amor. Te amo hijo.

Ricardo abrazó voluntariamente a Adrián y ambos lloraron profusamente. Fátima, con visible alegría, dijo:

– Alabado sea Dios, por fin el Señor escuchó mis oraciones, mi familia está en paz. Cómo esperé que llegara este día. Confié en los buenos amigos de lo invisible porque sé que eran parte de este momento. Solo puedo estar eternamente agradecida – Fátima, besando la frente de su hijo, continuó:

– Hijo, eres para nosotros el mejor regalo que Dios nos pudo haber ofrecido. Pase lo que pase, siempre estaremos a tu lado.

Mientras tanto Sabrina tocó la puerta y al entrar se encontró con la extraordinaria escena. La cama del hospital se llenó de una atmósfera de serenidad y paz.

– Tíos – dijo Sabrina –, yo me quedaré aquí y ahora ustedes deben seguir con sus asuntos, dejen a nuestro paciente en mis brazos, yo lo cuidaré con esmero.

Ricardo secándose las lágrimas besó la frente de Sabrina y Fátima, quien estaba emocionada, la abrazó como de costumbre y ambos se despidieron.

~ O ~

En la tarde de ese mismo día, en la habitación del hospital, mientras Adrián dormía plácidamente, Sabrina se encontraba estudiando cuando una enfermera ingresó a la habitación para revisar los medicamentos.

El joven despertó y Sabrina, cariñosamente, se acercó para observar el proceso.

Al final le ofreció un té y Adrián aceptó. Con amabilidad, Sabrina lo estaba ayudando a comer, cuando él tomó su mano y le dijo:

– Quiero agradecerte todo lo que has hecho por mí, porque desde que salí de la UCI has permanecido a mi lado. Los supuestos amigos que pensé que eran verdaderos ni siquiera se comunicaron conmigo para ver cómo estaba. Eres un ángel que Dios puso en mi camino.

Las mejillas de Sabrina se sonrojaron, tímidamente buscó palabras para superar las dificultades íntimas del momento:

– Bueno, no hay nada que agradecer, estoy aquí porque quiero que te recuperes. Además, tu madre y tu padre me necesitaban y mi madre, nunca les negaríamos nada, porque son como mis propios padres para mí.

– Sabes, desde el día que nos volvimos a encontrar, tocaste mi corazón – intervino Adrián, buscando valor en lo más profundo de su ser –. Nadie nunca despertó en mí lo que tú pudiste despertar, quería decírtelo en otra situación, pero ya no puedo cargar con este sentimiento en mi corazón: te amo y quiero comprometerme para toda la vida a tu lado.

– Por favor – dijo Sabrina – no digas nada que realmente no sientes o que no puedes cumplir. Estás sensible debido a la situación en que te encuentras. Además, siempre fuiste libre y tenías en tus brazos a todas las mujeres que querías. Solo soy una chica de campo que vive una vida pacífica. Soy totalmente diferente a todas las mujeres jóvenes que has conocido.

Sabrina continuó:

– Quiero tener una familia, un hogar y, sobre todo, alguien que me quiera y a quien yo quiera por encima de todo. Mis amigos siempre me dijeron que no salí con nadie porque estaba esperando un príncipe en mi vida. Se equivocaron, solo sabía que Dios había preparado a alguien especial para mí y debía esperar su llegada.

– Créeme, no es porque esté aquí en esta cama de hospital. No es gratitud, lo que siento es amor. Te quiero para toda la vida y también quiero compartir una familia a tu lado. Cuando éramos niños, dijimos que algún día nos casaríamos. Desafortunadamente, tienes razón, crecí y me sumergí en la tranquilidad de la vida y encontré placer en el sexo, mujeres vacías que llenaban al hombre vacío que yo era.

Sabrina lloró profusamente cuando Adrián la besó en las mejillas, y continuó:

– Sé que ahora no tengo nada. Fui imprudente, no me repugnaba absolutamente nada. No supe reconocer el amor de mis padres y quedé deslumbrado por el mundo universitario. Cuando te encontré nuevamente, todo lo que sentí volvió y ahora, después de este accidente, mi mente se siente limpia y clara. Veo las cosas en el sentido correcto y puedo hacer planes, porque quiero vivir, eso es lo que más quiero. Dios me dio la oportunidad de sobrevivir a todo eso y no podía ir en contra de todos los que estaban a mi lado apoyándome, incluido Dios. Respetaré si no me amas, pero siento que tú también compartes el mismo amor. Cuando deje esta cama, lucharé por ti y demostraré cuánto te amo.

– ¿Cómo podría decir que no siento nada por ti? Pasé mi adolescencia soñando contigo, pero siempre te vi acompañado de mujeres hermosas, tan diferentes a mí. Dentro de mi corazón me había rendido porque sabía que era imposible tenerte conmigo. Ahora escucho las palabras soñadas y las lágrimas se mezclan con tanta emoción. Como dije, desde niña te amé y ahora te confieso, fue a ti a quien esperé todos los días de mi vida. Te amo.

De esta manera, los jóvenes, rodeados de un ambiente de paz, consolidaron sus sentimientos y establecieron una unión bendecida por el mundo físico y espiritual.

Mientras tanto, sin ser vistos, Saúl, Felipe y Almería, felices, contemplaban el cambio de Adrián, liberado de las malas influencias de Yara, se presentó como un digno hijo de Dios.

CAPÍTULO 9 Cuando el Amor vence las Sombras

"Si tienes oídos para oír, escucha."

Marcos, 4:9

Los días pasaban a una velocidad inmensa.

Adrián, dentro de sus limitaciones, con el objetivo de no desperdiciar el año universitario, volvió a sus estudios, aun afrontando las dificultades que le habían impuesto los acontecimientos vividos.

Sin embargo, el accidente y el acercamiento de Sabrina habían tocado su corazón, haciéndolo reflexionar y cambiar para mejor. Sus actitudes ya reflejaban la ayuda del equipo espiritual de Saúl quien, con dedicación, quitó las influencias de Yara, lo que le permitió al joven concentrarse en los objetivos de su vida.

Adrián se acercó a su padre y encontró en Ricardo el apoyo que necesitaba para continuar, y en Fátima el amor para superar sus tendencias inferiores.

Ese fin de semana, Adrián se encontraba en casa de sus padres, cuando Alex, lleno de deseos juveniles, fue a encontrarse con su amigo. Cuando llegó, encontró a Adrián inmerso en sus estudios. Luego de un breve saludo, dijo:

– No puedo creer lo que estoy viendo: ¡tú estudiando! – Exclama Alex, irónicamente –. ¡Vamos! Deja estas tonterías porque hoy tenemos una fiesta divertida a la que ir. Créeme, nos divertiremos y seremos felices con las mujeres que conozcamos. La fiesta será en una ciudad de São Paulo y no tardaremos mucho en llegar. Date prisa, así ganaremos tiempo – intentando involucrarlo severamente, continuó:

– Ahora estoy probando unas drogas que me dan mucho placer y quiero que tú también las pruebes.

Adrián, incómodo, tratando de no ser grosero, dijo:

– No podré ir contigo, tengo que estudiar. Tomaré los exámenes finales del curso y esta vez quiero terminar la universidad. Lo siento, pero no iré. Además, nunca probaré drogas, eso no es para mí.

Alex, ajeno a los hechos del mundo invisible, permaneció rodeado de criaturas oscuras, que vivían en la oscuridad y lo influenciaban sin piedad, ya que estaban en sintonía con sus pensamientos y actitudes de baja frecuencia.

– Necesito ayuda. Después del accidente, mi padre me prohibió conducir hasta que me quitara el coche, me calificación y el proceso en mi contra ha concluido. La familia de mi amigo que murió en el accidente me está volviendo loco, culpándome por su muerte – completamente fuera de contacto con la realidad, Alex continuó:

– Esos tontos me juzgan, pero soy inocente y ese accidente no fue más que un fatalidad. Yo no tuve la culpa de su muerte. Él era el que bebía demasiado y no llevaba cinturón de seguridad. ¡Mira! Solo tuve algunos rasguños y estás bien.

– Estoy bien gracias al apoyo que recibí – dijo Adrián, nervioso –. Estuve muchos días luchando por recuperarme, ya que casi muero. Sobreviví gracias a la fe que aprendí a tener. Deberías tener más humildad para darte cuenta que una vida fue interrumpida violentamente. Tu amigo nunca había regresado con sus padres. Eso es serio. ¿Por qué no aprovechas la oportunidad para cambiar tu vida?

Alex, visiblemente incómodo con Adrián, intervino:

— No te reconozco. Bueno, bueno, ¿qué le pasó a mi amigo de las noches de fiesta? Desde que empezó a salir con Sabrina, se ha convertido en un estudiante estudioso y una persona anticuada. Ella te cambió y casi no te reconozco – con los ojos enrojecidos, continuó:

— ¿No ves lo que está pasando? Sabrina te está haciendo mucho daño. Mira lo que estás haciendo, abandonar a un amigo por una mujer. Creo que es mejor terminar esta relación antes que ella te destruya aun más. Pareces un desconocido, un joven correcto, ni siquiera se parece al amigo con el que compartí muchas alegrías y mujeres – insistiendo, continuó. Vamos, deja esos libros a un lado y ven conmigo.

— Sabrina no me está haciendo ningún daño, al contrario, fui un tonto trastornado. Aunque mi padre y mi madre hablaban mucho, yo no tenía idea de qué se trataba la vida. Ahora que sé lo que quiero, me casaré con ella. No voy a ninguna fiesta, tengo que quedarme a estudiar. Además necesito ayudar a mi padre en la panadería y luego iré con mi madre a la institución a la que asiste. Quizás algún día encuentres a alguien que toque tu corazón, tal como me tocó a mí.

— Estás jugando conmigo. ¿Irás con tu madre a ese lugar donde ella se volvió loca y decidió ir? – Con ironía, continuó:

— ¿Cómo es eso? ¿Casa de los muertos? He escuchado muchas cosas sobre ese lugar, mejor que orar es divertirnos. Déjate de tonterías y ven conmigo.

— Ese accidente me hizo comprender que la vida es mucho más que una noche bien aprovechada – dijo Adrián con firmeza –. Cuando me enfrenté a la muerte, me di cuenta de lo vacía que estaba mi vida y hoy quiero mucho más. Deberías pensar diferente también. Mi padre te perdonó por la pérdida del auto y no debes olvidar que eres responsable de la muerte de tu amigo. Ahora te estás involucrando con las drogas. Créeme, todavía hay tiempo para abandonar la adicción. Y ese Adrián del pasado ya no existe.

En ese momento, Fátima interrumpió la conversación entrando en la habitación de su hijo. Con preocupación, dijo:

– ¡Hijo, tenemos que irnos o llegaremos tarde!

Mirando profundamente a Alex a los ojos, continuó:

– Perdóneme, pero tenemos una cita.

Alex, completamente incómodo con la presencia de Fátima, no soportaba quedarse a su lado y avergonzado, insistió:

– Bueno, te adaptaste rápidamente a las reglas de los jóvenes "rectos" que viven para sus padres – con arrogancia, continuó:

– Vamos, volveremos temprano y la diversión no te molestará. Además, como te dije, tengo prohibido conducir y mi padre no quiere prestarme el auto.

– Lamentablemente no podré ir. Sin embargo, creo que podrías aprovechar la oportunidad que recibimos de Dios y cambiar tu vida. Veo que no has aprendido nada, pero sé que algún día la lucidez llegará a tu mente como a la mía.

Alex, molesto, se despidió y rápidamente se fue.

Adrián miró a su madre y comentó:

– Creo que perdí a un amigo. Alex no podía entender mi relación y quiere que vuelva a salir con él. Además no entiende que cambié después del accidente. Hace un tiempo nunca hubiera pensado así, pero amo a Sabrina y quiero casarme con ella. Para ello tengo que graduarme y tener una profesión adecuada. Ya no quiero ese pasado para mí. También estoy preocupado por él, porque se está metiendo en las drogas y no quiero eso en mi vida.

– Hijo, que Jesús sea siempre recordado en mis oraciones, porque siento que has madurado. Lamentablemente necesitamos pasar por algunas desgracias para tomar conciencia de nuestra vida. Estoy orgulloso de ti por no sucumbir a la oscura invitación a sumergirte en las drogas, a sentir momentos de placer que pasan, pero que destruyen una encarnación. Ahora siento que esto en el camino de la luz y eso es lo más importante para mí.

— Mamá, no te preocupes, tú y papá siempre me dicen cuántas drogas debo tomar y yo no haría eso porque sé las consecuencias, ahora solo quiero vivir y ser feliz con Sabrina.

Mientras tanto, Ricardo entró a la habitación acompañado de Sabrina. Adrián recibió cariñosamente a su novia, mientras su silencioso padre se sentaba en un asiento cercano. Mientras tanto, Fátima se secó una lágrima y continuó:

— Hijo, no sabes lo feliz que me siento al escuchar esto de ti. Tu padre y yo siempre rezamos para verte bien. Alex algún día despertará a la realidad y también encontrará su camino, tal como lo hiciste tú. No te preocupes, la vida se encargará de guiarlo.

Él por liberación y por Dios, pero oremos por él, ya que está enfermo y necesita oración.

— Espero que sí. Que tonto fui – dijo Adrián con la cabeza gacha –. Me involucré con tantas mujeres tratando de satisfacer las pasiones dentro de mí, que abandoné los estudios que ya podía haber completado. Tantos desacuerdos con mi padre, que es mi padre y un amigo para mí, que me hizo sufrir tanto por mis acciones. Pero tú, madre, nunca me abandonaste – tomando la mano de Sabrina, continuó:

— Hasta que un día volví a encontrarme con Sabrina y en ese momento fue como si una luz iluminara mis pensamientos y me hiciera ver cuánto estaba engañado por mí mismo. Ahora sé lo que quiero. Tengo la intención de casarme y tener mi familia.

— Mi amor – dijo Sabrina con los ojos brillantes –, eres todo lo que soñé y también quiero estar a tu lado, porque el Señor nos ha bendecido. Hoy soy feliz y sé lo que quiero, en verdad te amo desde entonces. Él no se siente seguro de ir con nosotros, pero tengo fe en que algún día podré llevarlo conmigo.

– Tía – intervino Sabrina – mamá te ama, pero siento que no irá con nosotros por culpa de la iglesia. El Padre Osvaldo se siente muy incómodo con el movimiento espírita que hay aquí por estos lares y nunca aceptará que ella abandone la congregación.

El sacerdote no quiere que nadie abandone la iglesia para dedicarse al Espiritismo. Dice que no es algo sagrado y que va en contra de las leyes de Dios. Un verdadero terror se ha apoderado de ella y por miedo nadie sale de la iglesia.

Sabrina continuó:

– Cuando tú y el tío Ricardo me invitaron a aprender sobre Espiritismo, confieso que tuve miedo. Sin embargo, cuando hablé con Néstor, fue imposible no enamorarme de la Doctrina. Habla con tanto amor que nos hace darnos cuenta que no es miedo lo que sentimos, sino prejuicios. Doy gracias a Jesús por estar ahí con ustedes, sobre todo porque Adrián también está con nosotros.

– Tienes razón – dijo Fátima – tenemos miedo de lo que desconocemos y en muchas ocasiones cultivamos prejuicios. La esencia del Espiritismo es el amor, el estudio, trabajo y, sobre todo, la transformación de nosotros mismos hacia la luz. No debemos perder la oportunidad de conocer al nuevo Jesús que siempre nos regala momentos importantes para ampliar nuestra visión de la vida.

¡Mírame! Dime que nunca me gustó estudiar ni leer, pero cuando comencé la escuela espírita aprendí lo fundamental que es tener conocimiento – con cariño, cambió el rumbo de la conversación.

– Hija, en relación a tu madre todo tiene su tiempo y el tiempo es de Dios, así que no te preocupes, yo confío en el Señor y sé que un día ella estará con nosotros, de esta manera había superado prejuicios religiosos en los que, un día, también creí.

Sin demora, se alistaron y prepararon para la reunión pública que comenzaría pronto.

~ O ~

La vida presentando sus bellezas ajustó el rumbo de esta historia.

No pasó mucho tiempo para que Adrián y Sabrina consolidaran la esencia del amor y establecieran una relación bendecida y deseada por sus padres. En aquella ocasión Adrián sorprendió a todos con el cambio visible tras el inicio de la relación con Sabrina.

Siguiendo la guía de las esferas superiores, Saúl y su equipo no escatimaron esfuerzos para ayudar a Adrián a liberarse de la oscuridad.

Con el apoyo de benefactores espirituales, debido a la fe y las oraciones de Fátima, se acercó a Ricardo y entabló una amistad con su padre que trajo paz a la casa de Fátima, también promovió el orgullo por su hijo en el corazón del padre. Ambos se tenían un gran cariño y no omitieron su gran felicidad por vivir momentos de gran compenetración y armonía. Las interminables noches de orgía quedaron atrás.

Naturalmente, Adrián se distanció de Alex, quien aun mantenía sus actitudes juveniles hacia el sexo salvaje y no aprobaba los cambios que se producían con su amigo.

Durante ese período, Adrián decidió dedicarse seriamente a sus estudios y sorprendentemente se unió a su padre para entender el negocio que heredaría en el futuro. Para alegría de todos, Adrián estaba visiblemente cambiado para bien, soñando y planeando una boda con Sabrina pronto. Construían juntos una relación sólida, porque dentro de su corazón esa experiencia de amor verdadero los impulsó a mejorar.

Mientras tanto, la alegría de Fátima, Ricardo y Rita era evidente. Esos corazones se apoyaron mutuamente, porque, finalmente, realizaron el sueño de unir a sus familias y satisficieron personas, fueron testigos de la verdadera felicidad en el corazón de sus hijos.

Sin embargo, Rita no pasó por alto su preocupación, pues Alberto desconocía estos hechos y temía cuál sería la reacción de su marido al enterarse que Sabrina estaba saliendo con Adrián. Sabía que él no lo aprobaría porque quería que su hija tuviera una relación con alguien rico.

Sin que nadie pudiera mantener el rumbo de ese amor, el vínculo entre Adrián y Sabrina se hizo más sólido y cada día demostraban que nada podía separar aquellos corazones que habían sido unidos por las manos de Dios.

~ O ~

Esa noche Alberto llegó a su casa después de un intenso período en el exterior. Al entrar se encontró con Adrián. Molesto, rápidamente dijo:

– ¿Que haces aquí? ¿No puedes creer que es demasiado tarde para estar en mi casa?

Rita inmediatamente se acercó y, tratando de dispersar la densidad del ambiente y alejar a su hija de aquella habitación, dijo:

– Sí, ya se estaba yendo. ¿No es así, hija?

Sabrina, valientemente, dijo:

– Papá, tengo algo que decirte: Adrián y yo estamos saliendo.

– Señor – intervino respetuosamente Adrián – Amo a su hija y mis intenciones son las mejores, quiero casarme con ella y formar una familia. Por eso les pido permiso.

El rostro de Alberto cambió. Vociferando dijo:

– ¿Qué podrías ofrecerle a mi hija? Estás loco al creer que me confabularé con esta locura juvenil. No crie a una hija para dársela a ningún hombre – ordenó sin piedad –. ¡Fuera de aquí ahora mismo!

– Padre, por misericordia, no le hables así.

Si no aceptas, seguiremos saliendo de todos modos – llorando, Sabrina continuó: – Él es mi elegido y te pido que aceptes mi voluntad.

– Si continúas con esta actitud loca, te repudiaré. Quiero presentarles al hijo de un amigo muy rico, que podría brindarle una vida plena y también estoy interesado en hacer negocios con él.

– Nunca. Estás arreglando un matrimonio para mí por conveniencia. No puedo creerlo en los tiempos que vivimos hoy. Amo a Adrián y me voy a casar con él.

– Invertí mucho en ti y ya era hora de pagarme – con violencia tomó los brazos de su hija y dijo:

– Harás lo que yo quiera, aunque sea impuesto y nunca aceptaré que sea en contra de mi voluntad.

Adrián al presenciar la escena se lanzó hacia Alberto, tratando de contener la furia del momento.

Rita al darse cuenta que el ambiente estaba tenso le pidió a Adrián que se fuera y se llevara a Sabrina de ese lugar.

Cuando los jóvenes estaban saliendo, Alberto, completamente presa de una ira descontrolada, atacó violentamente a su esposa.

En una escena indescriptible, Rita recibió los golpes de su marido, en medio de lágrimas y agonía. Después de haber aliviado su furia, Alberto dijo:

– ¡Maldición! ¿Cómo puedes aceptar esto? Me traicionaste. Sabrina para mí es como un objeto que cultivé y me ocupé. Por lo tanto, están locos al creer que aceptaré esto pasivamente.

Dejando a Rita tirada en el suelo, Alberto aprovechó las maletas sin desempacar y regresó a São Paulo.

Intentó con gran dificultad recuperarse, y a pesar de la violencia, logró sentarse en un asiento cercano y secándose las lágrimas, oró:

– "Señor Dios de misericordia, suplico a tu amor que alivie el dolor que arde en mi alma.

Con el pecho aplastado por la vergüenza, te pido ayuda, que busque fuerza en la fe y entienda los hechos de mi vida sin rebelarme.

Enséñame a olvidar días similares a este, que fueron muchos, pero dame serenidad para que el odio no se instale en mi corazón. Permanece a mi lado para que no olvide las responsabilidades que pusiste en mis manos.

Dame fuerza para no renunciar a la vida, incluso si todo parece desesperado.

Si los vientos del desánimo me doblegan ante mi existencia, permíteme atravesar las tormentas, sin olvidar jamás que Señor eres el fundamento de mi vida."

Mientras tanto, en lo invisible, Saúl, lleno de compasión, derramó pases iluminados de dolor sobre aquel corazón sufriente, con el objetivo de traer, en aquel momento, un poco de paz a aquella sufriente hija de Dios.

CAPÍTULO 10 Muchos caminos y Sinuosas Elecciones

"Cuando el fruto está en su punto, inmediatamente se lame la hoz, porque ha llegado la cosecha."

Marcos, 4:29

Luego de los hechos denunciados, Alberto permaneció en São Paulo, aun perturbado por la noticia del noviazgo de Sabrina.

Ese fin de semana fue invitado por un amigo del trabajo a organizar la habitual reunión íntima solo para hombres.

Invitados selectos, elegidos por su poder adquisitivo y estatus social y, además de ellos, mujeres exuberantes para saciar el placer fácil y temporal de quienes, fuera de ese ambiente, se presentaban ante la sociedad como hombres que honraban sus matrimonios estables. Los excesos se notaban por todas partes y las bebidas refinadas ofrecían al lugar una sensación propicia a la acción de las tinieblas.

La noche estuvo repleta de entretenimiento en baja frecuencia, del que nos ahorraremos detalles.

Roberta, una joven de exuberante belleza, se acercó íntimamente a Alberto y le pidió una conversación en un lugar más privado. Él, con una voz llena de encanto, dijo:

– Hoy estás más sensual que nunca – envolviéndola con un oscuro magnetismo, Alberto continuó –. Sin embargo, me doy cuenta que algo te angustia. Vamos, dime: ¿qué está pasando?

Después de una breve pausa, Roberta respiró hondo y, haciendo gala de frialdad, respondió:

– Lamentablemente les traigo una muy mala noticia. Espero tener otro hijo tuyo. Con este es el tercero que tenemos.

– ¿Cómo puedes volver a decir que estás esperando a mi hijo? ¿Cómo estaré seguro que soy el padre?

No me digas que no eres el padre – dijo Roberta, expresando odio y abandono –. Sabes muy bien lo que hay entre nosotros. No soy estúpida. Como las veces anteriores que quedé embarazada, no creías que serías el padre. Hasta que te convenciste y decidiste que debía interrumpirlos. Para mí no importa, porque la práctica del aborto en mi vida ya era una realidad antes de conocerte y tampoco quería desgracias. He interrumpido muchos embarazos no deseados y este no será el que llevaré hasta el final.

– Esta vez no será diferente – respondió Alberto con visible nerviosismo –. No podemos llevar esto adelante. Eres joven, con un futuro por delante, a pesar de pagar programas universitarios. Además, no podemos olvidar que para la sociedad soy un hombre casado y un ejecutivo exitoso.

– ¿Cómo puedes hablar de tu matrimonio? Ella nunca se preocupó por ti – rodeada de oscuridad lúgubre, Roberta continuó:

– Esta vez quiero sacar un poco de provecho de esta situación. Si no me haces un buen trabajo con el director financiero, le contaré todo a tu esposa y a tu hija. Además, te expondré en tu trabajo. ¿Cómo será para el reconocido ejecutivo quedar expuesto en público? No tengo nada que perder con mi imagen, pero ahora he decidido que quiero tener una vida llena de lujos y garantizar económicamente mi futuro.

Alberto, aunque se sintió presionado, no mostró ninguna emoción en su rostro. Fríamente y disimulando, dijo:

– Querida, no te preocupes. Hazte el aborto y tu futuro estará garantizado. Estoy dispuesto a proporcionarte una buena cantidad por tu silencio. Ya conoces muy bien el proceso. Después de todo, no es la primera vez que pasamos por esto – con los ojos enrojecidos por el odio, Alberto continuó:

– Estaba de nuevo en la clínica de mi amigo Claudio, un lugar muy conocido por nosotros. Mañana hablaré con él y arreglaré todos los detalles. Tenemos que deshacernos de este embarazo no deseado lo antes posible.

El denso ambiente era propicio para la acción de las sombras que los envolvían con una luz gris que representaba total armonía.

~ O ~

Al día siguiente, mientras los sombríos planes de Alberto se materializaban en el mundo físico, Roberta, en casa, se preparaba para ir a la oficina de Claudio.

Al mismo tiempo, en el mundo espiritual, en medio de tales sombras, Saúl derramó una luz dorada sobre la atormentada joven, tratando de sacar de su mente los pensamientos alucinados que la incitaban al aborto.

Roberta, incapaz de distinguir la luz de la oscuridad, después de un breve silencio, dijo en voz alta:

– No puedo entender lo que me está pasando hoy. Me desperté con un malestar enorme. Me siento perturbada, tengo la cabeza pesada y un fuerte dolor en el pecho me eleva a una emoción inexplicable – con ironía, continuó –. Debe ser porque estoy esperando un hijo. Sin embargo, en ese momento, un miedo inexplicable se apodera de mi ser. Aunque he tenido otros abortos, ahora me siento insegura.

En el mundo invisible, Yara comandaba a su equipo, especialmente a Adelina, quien ya no actuaba por libre albedrío, sino totalmente subyugada a Yara, simplemente ejecutando, siguiendo fielmente las órdenes de su ama. La líder de las tinieblas, al notar la actitud de Saúl, inmediatamente lo atacó y neutralizó su acto de amor.

Cuando Saúl recibió un intenso golpe, fue apoyado por su equipo quienes, juntos, formaron un caparazón protector hecho de amor y oración, lo que molestó aun más a Yara. Ella, despotricando incontrolablemente, dijo:

– Malditamente iluminado. ¿Cómo te atreves una vez más a enfrentarme así, intentando interrumpir una acción promovida por mí y mis seres queridos? – Sin más que risas, Yara continuó:

– Intentos sucesivos e inútiles. ¿Cuándo abandonarás esta misión? Tu acto de supuesto amor ha sido inútil. Pronto se inclinarán ante mí. Esta mujer está totalmente abducida a los placeres de la carne, la lujuria y será sentenciada a mis leyes en el momento adecuado.

En cuanto a Alberto, a través de Adelina, ya poseo su mente y él, cuando regrese a mi mundo, reinará junto a mí al mando de las legiones de las sombras. Llevo muchos años entrenando a esta seguidora que ya me es completamente fiel.

– Hija – dijo Saúl –. Nunca abandonaré tu corazón, porque por encima de nuestras necesidades, reinan radiantes las leyes de Jesús. Entiende que la muerte para Alberto será un camino más que deberá tomar en el momento adecuado. Llegará el día en que Lucius será tu compañero y encontrarás la paz para tu corazón atribulado. Cuando llegue ese día te recibiré con un abrazo fraternal.

– Estás loco. Nunca – gritó Yara enojada –. Antes de eso, me desharé de todos ustedes, personas iluminadas.

Saúl sabiamente, mirando complacido a sus amigos, dijo:

– Vámonos, volveremos en su momento.

Mientras tanto, Yara recurrió al plano físico e involucró lo más que pudo la mente de Alberto. Su mente estaba conectada a Yara a través de cables que conducían un líquido oscuro y denso. Tiempo después, Roberta salió de la habitación, mientras Alberto contactó rápidamente a su amigo Claudio y programó una oscura y parcial cita médica para el día siguiente.

~ O ~

En la tarde del día siguiente, según lo acordado, Alberto fue a un café a encontrarse con su amigo.

Claudio. Al llegar, luego de saludos y conversaciones banales, Alberto, objetivamente, abordó el tema principal:

– Somos amigos desde hace mucho tiempo. Entiendo que puedo confiar en ti y, además, somos socios en tu clínica médica. Soy un excelente administrador. Aliados, creamos un pequeño imperio financiero.

– Sí, puedes confiar plenamente en mí, porque nos conocíamos incluso antes que yo ejerciera la medicina y tú invertiste conmigo en la clínica que, entre otros procedimientos, nos trae un negocio rentable con los abortos.

– Así que tengo un caso más para ti. Una relación amorosa anterior me trajo una gran desgracia. Ella está embarazada.

– ¡Bueno otra vez! – con una sonrisa irónica, continuó:

– ¿No deberías estar más atento? Después de todo, hay tantas novias que, si cada una queda embarazada, si el rey se verá obligado a declararse en quiebra –. Terminó con una sonora carcajada –. ¿Quién es esta vez?

– ¿Recuerdas a Roberta? ¿Esa joven exuberante e inteligente que siempre quiso sacar provecho de embarazos no deseados, tratando de extorsionarme? Luego, por otro descuido más, quedó embarazada. Ahora decidió chantajearme, exigiendo dinero por su silencio. Dime si no estoy muy preocupado. Después de todo, ella solo abortará si le doy una gran cantidad, pero eso no evitará que me moleste. Tengo que silenciarla de alguna manera.

– Siempre pensé que te traería problemas mayores. Los problemas financieros mal gestionados pronto se reflejarán en mí, ya que dependo de tus inversiones para mantener la clínica.

Presentando cara de trío, sin asomo de compasión, Claudio revisó su agenda y continuó:

– Resolver este problema será muy fácil. Estoy disponible mañana y puedo realizar el procedimiento de aborto.

– Quiero que además de abortar me ayudes a deshacerme de ella. Ella me amenazó. Como sabes, no quiero problemas con mi trabajo – con ironía y prepotencia, continuó:

– Además, ya estoy con otra joven que se llama Clara. Una estudiante universitaria tonta, de poco más de veinte años, y Roberta ya no me sirve de nada.

– Después de todo, no podría ser diferente, amigo mío. Siempre has sido un gran seductor. Dime: ¿tiene familia cercana? Pregunto porque, dado lo que pretendo hacer, si ella tiene a alguien, podría causarnos problemas.

– No, ella no tiene a nadie – dijo Alberto. Por lo que sé, fue criado por su abuela, quien ya murió. Llegó a São Paulo para estudiar en la universidad, pero para mantenerse realizó programas. Fue una noche cualquiera que la conocí.

– Entonces esto es incluso más fácil de lo que imaginaba. Realizaremos el procedimiento abortivo y luego realizaremos una maniobra para provocar una hemorragia, que provocará la muerte. Emito el certificado de defunción.

– Mientras tanto, necesitaré que organices el entierro.

– Déjamelo a mí – prosiguió Claudio con frialdad –. Esto lo hemos hecho antes con otras mujeres a petición de sus amantes e incluso con aquellas que yo mismo, por descuido, dejé embarazada. Para mí es solo un caso más entre muchos que vendrán en el futuro.

– Eres mi amigo y verdadero amigo – dijo Alberto –. Ya hemos logrado muchas cosas y experimentado muchos supuestos amores, además de mantener nuestros matrimonios por conveniencia. Sé que puedo confiar en ti.

Así, mientras en el mundo físico ambos detallaban el espantoso plan, en el mundo espiritual, Yara actuaba sin interrupción.

Poco después Alberto y Claudio se despidieron.

Yara regresó a su mundo, mientras Adelina permanecía manteniendo a Alberto bajo el oscuro dominio de la oscuridad.

Saúl y su equipo, sin ser notados, escucharon esas duras palabras, pero se retiraron en silencio.

CAPÍTULO 11 Día Triste

El Aborto

"Él ordenará a sus ángeles que te guarden. Y otra vez: Y te tomarán de la mano, para que tu pie no tropiece con ninguna piedra."

Marcos, 4:10– 11

Dos días siguieron la conversación entre Alberto y Claudio. Aquella tarde triste, Roberta, mientras se dirigía a la clínica, en el mundo espiritual, Saúl trataba de envolverla en una luz dorada, con el objetivo de aportar un poco de lucidez a su mente atormentada.

Sin poder comprender la avalancha de sentimientos, Roberta sentía a veces una mezcla de pavor y temía por su propia vida, pero la fuerza de las sombras había dominado por completo sus pensamientos y su libre albedrío quedó temporalmente subyugado a la oscuridad.

Hasta el último momento, los emisarios del bien no abandonaron el caso y trataron por todos los medios a su alcance de llevar un poco de luz a aquel corazón enfermo. A su alrededor, criaturas oscuras seguían animándola con expresiones repetitivas:

– No abandones tu objetivo de deshacerte de este embarazo no deseado. Él será un gran obstáculo en tu camino. Este niño trastornará tu vida. Ponle fin a esta historia. Todavía hay tiempo y te ayudaremos a librarte de esta desgracia lo antes posible.

Finalmente, Roberta llegó a su destino. El lugar que se presentó en el mundo físico como una clínica médica.

Cualquier ginecológica, lujosa y renombrada, no levantaba sospechas, pero se practicaban otros procedimientos, especialmente el atroz crimen de promover el aborto en una clase social diferenciada y selecta.

Mientras tanto, en el mundo invisible, el escenario era diferente. Los guardianes de las sombras, bajo órdenes directas de Yara, permanecieron en vigilia y ese día redoblaron su guardia con el objetivo de asegurar que Saúl y su equipo no superaran las barreras de la oscuridad ni encontraran una oportunidad para interrumpir las acciones provenientes de las sombras.

Aun así, los emisarios del bien permanecieron cerca sin ser notados, debido a la densidad del lugar.

Allí quedó un montón de criaturas semianimalizadas. Gritos sufridos y aullidos del mal se escuchaban a lo lejos. Hombres y mujeres pidieron ayuda y uno de ellos llamó su atención. Antônio, sorprendido, preguntó:

— Saúl, nadie nos ve, pero nosotros vemos a estas criaturas sufrientes que deben ser inocentes ante tanta maldad. ¿No sería legítimo que ayudemos a estos hijos de Dios?

— Querido amigo — dijo Saúl con respeto —, no todo el que pide ayuda puede ser ayudado como huérfano, todo a su tiempo. Recordemos al apóstol Pablo cuando dijo: *"Todo me es lícito, pero no todo conviene. Todo me es lícito, pero yo no me dejaré dominar por nadie."*[15] Estamos ante hombres y mujeres que antes eran médicos, curiosos de la medicina, que practicaron el aborto durante años, así como mujeres de similar edad que también lo hacían y hombres que confabulaban el acto. Hoy son víctimas de sus propias conciencias que exigen fuertemente sus acciones y no pueden liberarse de esta

---

[15] Nota del Autor Espiritual (Saúl): I Corintios, 6:12.

enfermedad de la exigencia. Sin embargo, el círculo vicioso de la persecución continúa, ayer promovieron el mal, pero Jesús les dio grandes oportunidades de regresar a la Tierra para ayudar a los demás, pero para muchas vidas abajo incumplieron con sus propias decisiones.

– Entiendo tu punto – dijo Antônio, molesto e insistente –. Aun así, ¿no sería caritativo de nuestra parte recogerlos y ofrecerles una situación mejor?

– En el momento oportuno llegaría el día de la liberación. Cuando regresaron a la Tierra no fueron sentenciados, al contrario, Jesús les permitió regresar como médiums, médicos, maestros, madres y padres para experimentar la bondad celestial. Sin embargo, sus mentes adictas promovieron actitudes similares al pasado y ahora se presentan como víctimas, pero en realidad son sus propios verdugos. No se olvidan, pero no podemos tener acción mientras el vicio todavía reside en sus corazones y no ha sido tocado por el arrepentimiento y necesitan esperar a que puedan recibir asistencia y comprender sus condiciones.

Antônio, sin atender a las instrucciones de Saúl, no pudo contener su impulso. Al ver a un anciano, destrozado y en profundo sufrimiento, comenzó a ayudarlo.

Felipe, tratando de contener su acto, fue interrumpido por Saúl, quien, como buen maestro, se dio cuenta que el alumno necesita vivir las enseñanzas en la práctica para luego absorberlas.

Antônio limpiaba los densos fluidos expulsados por el enfermo, mientras sin darse cuenta, era vampirizado sin piedad. Antônio se dio cuenta que se le estaban acabando las fuerzas y entonces cayó de rodillas. En ese momento, el hombre sufriente se transformó. Lleno de ironía, dijo:

– ¡Tonto! ¿Realmente creíste que yo sufría en la fase del arrepentimiento? ¿Sabes con quién estás hablando? Yo era un hombre rico y un médico de renombre, por eso me mantengo cerca de mis compañeros encarnados, influyéndolos en los procedimientos médicos – entre risas estridentes, continuó:

– Tonto, ¿qué? Solo usé tu energía para fortalecerme, porque desde lugares como este me nutro y me fortalezco. No hay Dios, yo soy un dios.

El extraño se fue rápidamente con una risa fuerte e irónica, gritando odio y agonía.

Sin juzgarlo, Saúl inmediatamente se acercó

Entonces Antônio, que recibió la ayuda necesaria, avergonzado, dijo:

– Perdóname, me emocionó ver a ese sufridor. Solo quería ayudarlo y guiarlo hacia la luz. Nunca me imaginé estar frente a una "bestia."

– Amigo, tenemos que aprender a esperar. Todo se transforma, pero en el momento justo y en el tiempo de Dios. Nadie será olvidado en las sombras. Transformar significa aceptar las imperfecciones, vivir sus consecuencias, pero, sobre todo, saber que es posible cambiar siempre para mejor. Hay hijos de Dios que construyen a su alrededor un oscuro encierro en torno a la vanidad y a los recuerdos del pasado, que solo el tiempo podrá cambiar.

Con cariño, Saúl cambió el rumbo de la conversación, Llamó a un miembro de su equipo para que llevara a Antônio a la Ciudad de Jade para recibir ayuda. Antônio, molesto, inmediatamente dijo:

– ¡No iré! Quiero quedarme y ayudarlos en esta tarea.

– Es mejor regresar a la ciudad lo antes posible a Jade, ya que no estás en condiciones de quedarte aquí – confirmó Saúl, con firmeza –. Tendrás muchas otras oportunidades para ser útil. A partir de ahora, serás asignado a misiones internas. En su momento volverá a tareas externas. Por ahora te ruego que aceptes la ayuda y te vayas.

Antônio, molesto, salió acompañado de un amigo. Mientras el equipo de Saúl no se atrevía a emitir una palabras simplemente entendieron y se mantuvieron firmes en sus iluminados objetivos.

~ O ~

Mientras tanto, en el mundo físico, la secretaria anunció la llegada de Roberta al médico, quien personalmente fue a recibirla y no escatimó sutilezas ni halagos, con el objetivo de no despertar ningún tipo de sospecha en su contra.

De inmediato la atendió, la tranquilizó y ajustó los trámites a realizar esa tarde. Una enfermera que participó de manera connivente con el médico, preparó a Roberta en una camilla y organizó detalladamente el material esterilizado a utilizar.

Los medicamentos e instrumentos ya colocados de manera organizada sugerían que se realizaría una cirugía menor.

Sin prolongar los detalles innecesarios sórdido y sombrío, tiempo después, anunció Claudio a la enfermera que el atroz procedimiento había sido un éxito.

Ambos encontraron que la paciente estaba sedada y cómoda. Sin demora, salieron de la habitación a esperar que pasara el efecto de la droga y que Roberta pudiera irse a casa.

Claudio, frente a la enfermera, simuló gran preocupación por la paciente y demostró cuidados adicionales hacia la joven, pero mientras la enfermera trabajaba, fue a avisar a Alberto del fin del trabajo, Claudio, sin compasión alguna, regresó a la habitación. En ese momento, la mente de Claudio quedó firmemente unida a la de Yara y recibió a través de cables lo que permitía el paso de algo similar a un líquido turbio, transmitiendo influencias oscuras, para que pudiera realizar la malvada acción con precisión.

Sin ninguna compasión, mezcló los medicamentos que llevaron a Roberta a una carga química que sobrecargó sus funciones cardiorrespiratorias, llevándola a un paro cardíaco.

Sin promover un gesto para salvar la vida de la joven, solo observó la agonizante lucha entre la vida y la muerte.

Para no levantar sospechas, recogió las pruebas y se marchó.

Momentos después, Claudio ordenó a la enfermera revisar el estado físico de la paciente.

Ella, desesperada, entró al consultorio del médico y dijo:

– Doctor, corra, la paciente no responde a la estimulación. Algo pasó.

Se dirigieron apresuradamente a la habitación donde estaba Roberta. Él, disimulando y actuando como si no fuera nada.

Luego de lo sucedido, brindó primeros auxilios tratando de resucitar a Roberta, pero ella, lamentablemente, ya presentó la inevitable defunción.

Al poco tiempo llegó Alberto con el arreglo. Claudio representando como si estuviera actuando, dijo:

– Amiga, lamentablemente ella no soportaba los profesionales, después de todo, las concesiones en tan poco tiempo conllevan, en su historia, varios casos de aborto. No pudimos hacer nada. La enfermera y yo luchamos para devolverla a la vida, pero no lo logramos. Necesito que avisen a los familiares, pues ya estoy aportando la documentación del sexto fallecimiento. Omitiremos la verdadera naturaleza de la muerte por razones obvias.

– Ella no tiene familia. Soy la única persona en su vida, déjamela a mí y haré lo que sea necesario.

Así, temporalmente para el mundo físico, la historia de Roberta quedó terminada. Al iniciar una nueva aventura en el mundo espiritual, experimentará las consecuencias de sus elecciones y el aprendizaje del futuro.

~ O ~

Mientras tanto, en el mundo espiritual, Roberta, en un profundo letargo, fue recibida por los sirvientes de Yara quienes la sacaron de esa habitación, llevándola, bajo las órdenes de la Líder de las Tinieblas, a su mundo oscuro.

El benevolente equipo no pudo hacer nada a favor de Roberta. Para ellos solo existía el momento adecuado para actuar en nombre de Dios.

Yara estaba feliz porque había cumplido su objetivo, sin demora se fue.

Mientras las criaturas oscuras centraban su atención en Roberta, el equipo de Saúl esperaba el momento para darle la bienvenida al espíritu cuya encarnación había sido interrumpida prematuramente.

Inmediatamente, con precisión, Saúl recogió el espíritu que fue llevado a la Ciudad de Jade para recibir atención, importante provisión de primeros auxilios para ese momento.

Saúl y su equipo, en silencio, sin ser notados, realizaron la recolección precisa y escucharon con pesar las locas palabras de aquellas horribles criaturas. Almería, con cara triste, dijo:

– ¡Cómo me siento al ver a un colega profesional tan desviado de su encarnación! ¿Cómo un médico que recibió de Jesús la misión de facilitar y mantener la vida procede en una dirección tan contraria a los objetivos celestiales?

Saúl no ignoró las lágrimas que marcaban su rostro, pero con sabiduría y respeto dijo:

– La rebelión y la ignorancia son los pilares que sustentan los sufrimientos más profundos, así como también son las causas principales de muchos sufrimientos. Muchos hombres, centrando su vida únicamente en la acumulación de bienes materiales, desvían su mente de los objetivos de sus encarnaciones y se sumergen ciegamente en la mezquindad y la avaricia.

Las impresiones de nuestro propio pasado intensifican nuestras acciones en el presente, ya que somos hijos de muchas vidas. Cada plan de encarnación trae consigo muchas oportunidades de regeneración, reparación y evolución. Sin embargo, al vivir en la materia, muchos quedan ciegos por el poder, el dinero y las evidencias sociales, se pierden y olvidan la bendita misión, que fue puesta en sus manos. Los médicos – prosiguió Saúl –, no dejan de experimentar las mismas sensaciones y también son susceptibles de entregarse a una vida de apariencias. Aunque hayan prestado el juramento hipocrático, olvidan que no está hecho solo para el mundo físico, sino para el mundo espiritual. Involucrados por el poder sobre la vida, se pierden en medio de tantas atracciones físicas y financieras, imprimiendo en su existencia características materialistas lejos de sus propósitos celestiales, como afirmó Jesús:

"Amarás, pues, al Señor tu Dios con todo tu corazón, y con toda tu alma, y con toda tu mente, y con todas tus fuerzas"; Este es el primer mandamiento. Y el segundo, similar a este, es: *"Amarás a tu prójimo como te comes a ti mismo."* No hay otro mandamiento mayor que estos.[16]

Tampoco podemos olvidar que son muchos los cohermanos que ejercen diligentemente su profesión y mezclan cada procedimiento médico con las enseñanzas de Jesús sobre el amor al prójimo, haciendo verdadera la frase de Hipócrates: *"Prometo solemnemente consagrar mi vida al servicio de la Humanidad."*

– Tus palabras ablandan mi corazón – dijo Almería, tristemente –, pero lo material llamado dinero representa aun para los hombres encarnados grandes testimonios de fe y una amplia escuela que enseña a equilibrar las necesidades materiales y espirituales. Nadie puede dejar de responder por sus actos,

---

[16] Nota espiritual del autor (Saúl): Marcos, 12: 30–31.

especialmente aquellos que conocen las verdades sobre la continuidad de la vida.

– Sí, amigo – intervino Saúl –. No podemos olvidar las enseñanzas de Jesús, registradas por Lucas:

"Y dijo al pueblo: Guardaos y guardaos de toda clase de codicia; porque la vida del hombre no consiste en la abundancia de las cosas que posee." [17]

La materia es una herencia bendita que Dios concede a sus hijos para que tengan condiciones para llevar a cabo sus tareas cuando estén encarnados. Como todas las demás cosas del universo, todo debe utilizarse en equilibrio.

Después de una breve pausa, Saúl continuó:

– Repetidamente vemos a los hijos de Dios regresar a la Tierra y no absorber las lecciones que rodean la riqueza. Cuando regresan con la misión de cambiar ellos mismos y con la excusa de brindar mejores condiciones de vida a sus familias, se alejan de sus hijos, pasan días, horas y minutos en sus lujosas oficinas o clínicas y ahí comienza un círculo vicioso que les lleva alejan su atención de las cosas de Dios, de su propia evolución y vida, transformándolos en esclavos de su supuesta profesión.

– Y cuando despiertan a la realidad – intervino Felipe –, el tiempo ha pasado demasiado y llega la hora del regreso al mundo espiritual. Cuando están aquí, se dan cuenta, con pesar, que perdieron una vida debido a la acumulación de riqueza.

– Hijo mío, tienes razón – dijo Saúl –. La existencia de los hijos de Dios no se basa solo en las riquezas exuberantes que poseen, sino en la certeza que cada construcción física o espiritual está muy bien elaborada sobre los pilares que responden a los propósitos fraternos de nuestro Señor.

---

[17] Nota espiritual del autor (Saúl): Lucas, 12:15.

– Muchos – dijo Almería –, por la búsqueda malsana del dinero, pierden la paz interior y acumulan manchas en su existencia que, muchas veces, requerirán de varias vueltas al cuerpo físico para ser rehechas. Cuantos hombres con exceso de dinero se torturan por los diversos problemas que rodean su camino y porque no entienden lo que significa compartirlo, ayudar o gestionarlo con razón y sencillez.

– La vanidad es la gran ingeniera de las aflicciones y, en consecuencia, la ruina del proceso de elevación de cada uno de nosotros – dijo Saúl –. Cada vida es una escuela para vivirla con libertad, pero con responsabilidad, sabiendo siempre que por encima de las leyes de los hombres, por encima de las necesidades materiales, reina la sabiduría y el amor de Dios.

Saúl bajó la cabeza, cerró los ojos, buscó inspiración en el Altísimo y terminó esa conversación, involucrando a sus amigos en una oración sublime:

"Señor, ante tanta necedad que aun rodea el corazón de los hombres, enséñanos a comprender las diferencias como ejemplificó Jesús cuando estuvo en la Tierra: No sentenció al avaro, pero comprendió y esperó, porque sabía que cada uno, indeterminadamente, es fruto de su corazón paternal.

No castigó a los que cometieron errores cuando fue sentenciado a la cruz, pero enseñó el perdón, porque cuando un hombre se enfrenta a sus dificultades, muchas veces no sabe lo que quiere o hace.

No castigó a los discípulos que se desviaron del camino de la luz, sino que ofreció, a través de la reencarnación, una nueva oportunidad de regeneración.

No se enfrentó a los que estaban en las sombras, sino que acogió a los hijos de los caídos sin prejuicios y los dirigió hacia la luz.

En este momento, ante tan grandes enseñanzas y aprendizajes, suplicamos:

Que su amor brille sobre la Tierra y convierta temporalmente a cada uno de sus hijos, desviados en un trabajador de su gran obra evolutiva.

Que cada criminal sea considerado un enfermo, que, a pesar de necesitar muchas vidas regenerativas, encontrará su corazón en el momento adecuado.

Que la crueldad de romper una vida se transforme en conciencia, respeto y amor por los demás.

Que los que llevan los tés en la mano de los mundos, como profesionales de la salud, doctores en leyes, administradores de las organizaciones de la Tierra y mucho más, sean cubiertos por el espíritu eterno de vuestra complacencia y por la fuerza digna de vuestra luz."

CAPÍTULO 12 Dolorosa Crisis de la Enfermedad de Alzheimer

Fuerte influencia de la oscuridad

"¿Por qué tienes miedo? ¿Aun no tienes fe?"

Marcos, 4:40

Mientras Alberto vivió sus experiencias amorosas y causó tanto sufrimiento al corazón de Rita, en Leopoldo de Alcántara, Fátima superó con valentía los difíciles desafíos familiares. Al otro lado de la ciudad, Rita también se encontró en una situación compleja.

Esa tarde, doña Amelia amaneció agitada. Cuando llegó doña Luísa, Rita, visiblemente desesperada, dijo:

– Hoy ella muestra esos inexplicables arrebatos de agresión. Por Dios, pasé la noche en vela. Mi hija quería quedarse en casa, pero le pedí que fuera a la universidad – angustiada, Rita continuó:

– Además, estoy llena de pedidos de costura para entregar. No sé qué hacer.

Doña Luísa acercándose a Rita, identificando los verdugones en sus brazos, causados por doña Amelia debido a la crisis que visitaba su cuerpo y espíritu, asombrada, preguntó:

– Por Dios, ¿qué es esto?

Avergonzada y exhausta, el estado de Rita era digno de conmiseración. En la cocina de su casa, estaba sentada en la mesa y sin ocultar sus lágrimas respondió:

– He visto muchas situaciones similares, pero hoy es peor. Por todo lo que vi a lo largo del curso de la enfermedad, este brote de agresión, irritabilidad e inquietud inexplicable nunca había ocurrido. Incluso juró a muerte y cuando me acerco, empeora. Créeme, no podremos soportarlo.

– Llévala al doctor. No sé qué hacer, hay que medicarla urgentemente.

– Bueno, no podemos preocuparnos – dijo la señora Luísa –. Nos encargaremos de todo lo necesario. Tienes razón, considerando la situación, no podremos llevarla de aquí al hospital. ¿Qué te parece llamar a Fátima para que nos ayude? Tenemos un amigo en común llamado Néstor, él no rechazaría una petición de nuestro amiga.

– Lamentablemente no tengo a quién recurrir, soy una hija única – secándose la lágrima, Rita continuó:

– Fátima es mi hermana de corazón y siempre ha estado a mi lado. Ahora más que nunca estamos unida s por los lazos del corazón, al fin y al cabo nuestros hijos pronto se casarán – dijo pensativamente –, pero no quiero molestarla y ni siquiera conozco a este señor.

– Fátima tiene un corazón bondadoso – dijo la señora Luísa –. Ella habló muy bien de ti y pidió para ayudarte a lidiar con doña Amelia. Por lo que puedo ver el cariño entre ustedes y los demás, ambas dicen lo mismo y también están orgullosos que sus hijos estén juntos.

– Que Dios te bendiga – dijo Rita –. Créeme, tenía miedo que te negaras a trabajar en mi casa, después de todo, muchos cuidadores que se enfrentaron a crisis similares se fueron.

Algún tiempo después, Rita, renovada, autorizó a doña Luísa a entrar en contacto con Fátima.

– Vamos, no perdamos el tiempo, tengamos fe en Jesús que nos guiará en tan especial tarea – mostrando una breve sonrisa de paz, dijo la señora Luísa:

– Ahora ve y ocúpate de esos arañones porque hoy tenemos mucho trabajo.

Después de explicarle rápidamente a Fátima lo que estaba pasando en esa residencia, la señora Luísa fue a la habitación de la señora Amelia para intentar ayudar y entender lo que estaba pasando.

De repente, encontró a la paciente completamente fuera de control. Inmediatamente se apoyó en ferviente oración, porque más allá de lo material, había concluido que en ese momento actuaba una fuerte influencia espiritual, proveniente de las tinieblas.

En menos de una hora estaba Fátima, servicial, acompañada de Néstor quien, como médico, no se negó a tratar a la paciente.

Después de los rápidos saludos, la señora Luísa resumió la situación física y espiritual de la paciente. Rita no ocultó su miedo, pero todo lo que le decía su cariñosa cuidadora lo aceptaba sin restricciones.

– Perdóname que te llame para venir aquí – dijo doña Luísa –, pero sé que además de la gravedad de la enfermedad, está pasando algo más y puedo decir que no es nada bueno. A partir de nuestras experiencias en la institución espiritual, estamos ante un proceso obsesivo importante. Por ello, debemos mantener la vigilancia para ayudar en lo que sea necesario.

– Cariño, hiciste muy bien al llamarme. Cuando te recomendé trabajar aquí te dije que en lo que necesitaras te ayudaría – Fátima, respirando hondo, continuó:

– Tú y Néstor son médiums experimentados en la institución a la que frecuentamos, si me dices que algo está más allá de nuestros ojos. Está sucediendo aquí, creo. No diría que estoy preparada para este trabajo, pero te ayudaré en lo que necesites.

– Sí, no tenemos tiempo que perder – dijo doña Luísa –. Haz lo que te dije: tú, Fátima, te quedarás aquí con Rita y conducirás el Evangelio en el Hogar; mientras tanto, Néstor y yo cuidaremos de doña Amelia. Confiemos en Jesús, porque creo que triunfaremos con la ayuda de amigos bondadosos que viven en el mundo invisible y que sin duda nos ayudarán en este momento difícil.

Así se hizo, como Fátima trajo con ella *El Evangelio según el Espiritismo*, en su bolso preparó e inició los procedimientos necesarios, combinados con una demostración veraz de fe.

Mientras tanto, Néstor y doña Luísa entraron en la habitación de doña Amelia, quien caminaba de un lado a otro gritando continuamente sucesivas frases oscuras. En un ambiente indescriptible, una fuerte densidad rodeaba la habitación y la paciente, que padecía un avanzado estado de Alzheimer, pero que aun no la había limitado a la función básica de locomoción, se golpeaba con una fuerza inusual, como si fuera una víctima de gran perturbación.

Su lucidez ya estaba ausente y con severa incontinencia urinaria y fecal, ahorraremos al lector la descripción de las escenas, evocando solo con pasión todos los corazones involucrados en esta historia. Al verlos, doña Amelia se rasgó las vestiduras y, sin contenerse, avanzó violentamente contra ellos, con la fuerza similar a la de dos hombres.

Doña Luísa, con una inmensa capacidad de comprensión, trató amorosamente de contener su furia, pero sin éxito.

Néstor, acostumbrado a los síntomas de aquella patología, inmediatamente inmovilizó a la señora Amelia en la cama y la restringió dentro de los procedimientos médicos éticos requeridos.

Después de una lucha casi sin gloria, la señora Luísa no escatimó esfuerzos e intensificó su oración junto con la secuencia de pases, que poco a poco trajeron una calma inexplicable a aquella alma inquieta. Esto le permitió a Néstor medicarla adecuadamente.

~ O ~

Mientras tanto, en lo invisible, la densidad de ese lugar era el resultado de la agrupación de criaturas visiblemente densas en sus cuerpos espirituales.

Guardianes oscuros protegieron el recinto para que Yara pudiera liderar esa malvada acción. Siguiendo con sus objetivos malvados, Adelina lideró acciones oscuras y se mantuvo fiel a las órdenes de Yara.

Yara, presente en el lugar, actuó de manera de intensificar las actitudes de Adelina, quien sin piedad derramó sobre Amelia, a través de sus manos, hilos negros que se conectaban directamente al sistema nervioso central, intensificando en consecuencia los síntomas de una enfermedad degenerativa.

Mientras que por un lado Yara actuaba por las sombras, por el otro, Saúl actuaba por la luz. Bajo sus órdenes, los emisarios celestiales actuaron de manera organizada y, unidos por una armonía superior, permaneciendo en cálida oración, libraron una difícil batalla contra el mal. Poco a poco la densidad del ambiente fue cambiando. El gris actual dio paso a una luz azulada de intenso brillo.

Los seres temporalmente envueltos por las sombras, por sus condiciones de inferioridad moral, no comprendieron aquellos acontecimientos. Al no poder ver a Saúl y sus amigos, envueltos en pensamientos inferiores, no omitieron la mezcla de miedo, agitación e incomprensión.

Dignos de compasión parecían animales acorralados que ya no podían actuar. Yara les ordenó entre amargos gritos:

– Inútiles. ¿Cómo es posible que no vean a estos miserables iluminados? Serán llevados a mi mundo y allí sabré qué hacer con cada uno de ustedes. Serán severamente castigados según las sentencias de mis leyes. No podemos ser derrotados por estos bastardos.

Yara, sin piedad, lanzó una pelusa negra contra sus súbditos que, al tocarlos, parecía desgarrarles la piel de los cuerpos espirituales deformados, dándoles la dolorosa sensación de un ácido que los quema sin compasión.

Ella, completamente envuelta por las sombras, se expandió hacia la oscuridad que cubría su cuerpo espiritual.

Saúl, uniéndose a sus amigos, intentó en vano transmitirle una luz dorada, buscando tocar su corazón y calmar ese espíritu que había estado en piedra durante tanto tiempo. El bendito emisario, con compasión, se dejó ver por ella y por Adelina. Cuando Yara lo vio, sin piedad, le dijo:

– Bueno, bueno, nos volvemos a encontrar, Saúl, el amable médico de la Ciudad de Jade, conocido y respetado por acoger corazones rotos y que no se cansa de intentar traer luz a mi mundo – dijo Yara, visiblemente llena de enojo –. Sin embargo, lo reconozco: eres persistente, no te rindes tan fácilmente, después de todo son tantos años de una batalla interminable entre yo que represento la oscuridad y Jade que representa la luz.

– Mientras sea la voluntad de Jesús, nunca me rendiré contigo, seguiré trabajando activamente para alcanzar las metas celestiales – intervino Saúl, con respeto y firmeza –. Sé esperar y creo que eso liberará a Adelina, al fin y al cabo, lleva muchos años sometida a tus leyes. Como también creo que un día tu corazón será ablandado por la fuerza del amor y la luz.

– ¿De verdad crees que liberaré a Adelina? Ella no es más que una mujer suicida que buscó mi ayuda y ahora trabaja para traernos a Demetrio, esa cruel y fuerte Inés egipcia que tanto necesito en mi mundo. Entonces acabaré con Adelina, que cree fielmente que se lo traeré – Yara emitiendo una sonora carcajada, continuó:

– ¡Pobre desgraciada! Qué fácil es someter los corazones que sufren por amor. Muchos son capaces de cualquier cosa por sus supuestos amores.

Además, también debo reconocer que la estrategia de los iluminados al promover la reencarnación de Demetrio en Alberto, con el objetivo de separar temporalmente a Adelina de él, fue casi perfecta, pero no contaban con que nosotros nos enteráramos. Estaban totalmente equivocados. Él está de acuerdo con mi energía y se alimenta de la lujuria, el dinero y las debilidades que los hombres encarnados aprecian.

Yara, completamente loca, pero manteniendo una posición intocable de líder, se dio cuenta que Saúl y su equipo se estaban expandiendo en la luz, pues recibían refuerzos de los emisarios de la Ciudad de Jade, entre ellos Débora y Ambrosio.

Sin poder verlos, solo notó su presencia: lo que intensificó su ira y, quedándose en una postura lúgubre, gritó:

– Entonces Saúl buscó ayuda. Sé que los iluminados están presentes – con profunda ironía, Yara continuó:

– No me engañes, tú y los demás inútiles de esa maldita Ciudad de Jade no perderán esperando mi venganza. Por ahora probarán con un poco de veneno. Vean y sufran.

Inmediatamente, Yara se expandió en la oscuridad y se vinculó a la mente de Adelina, influyéndola sin piedad. Sin poder escapar de tal influencia, Adelina miró fríamente a Saúl y gritó:

– Malditamente iluminado. ¿Creían que podían reírse de Demetrio de mi parte detrás de una carnaza? ¡Idiotas! Esto está terriblemente mal. Siempre te encontraré y nunca te abandonaré. Viviremos nuestro amor, porque fue tu Dios quien provocó nuestra separación. Por un tiempo tuve problemas para encontrarte, pero lo encontré y nunca lo soltaremos – entre casi aullidos, Adelina continuó:

– Él es mío.

Adelina, en visible estado de odio, continuó con sus oscuros votos por venir:

– ¿Cómo lograron que se casara con Rita? Créeme, haré de la vida de esta mujer un valle de suplicios. Ya comencé a lidiar con esta loca, la Sra. Amelia, que ya está completamente manipulada por mí y mis compañeros.

– Rita – añadió Saúl – es la esposa devota que tiene en sus manos la tarea de colaborar con su marido para intentar que aproveche al máximo la oportunidad de la reencarnación y desempeñe su nuevo papel de padre y esposo, mejorando su carácter para siempre. Regresó al círculo carnal para encontrar la fuerza del amor, pero desgraciadamente, con tu ayuda, quedó enredado en las trampas de sus caprichos humanos.

Con ojos ardientes, Adelina intervino:

– Durante mucho tiempo mantuve a Adrián, el hijo de su mejor amiga, Fátima, bajo mi dominio. En ese momento, presentaban grandes debilidades morales en cuanto al sexo y la lujuria, lo que me facilitó influenciarlos hacia las sombras cada vez más tenues. Desafortunadamente, cometí un error. Creí que ya estaba absolutamente bajo mis órdenes para ser un visitante habitual de lugares de baja frecuencia. Desgraciadamente no contó con que su madre, la maldita Fátima, se convertiría al Espiritismo en busca de ayuda e impulsaría una revolución religiosa en su hogar. Esto facilitó enormemente tu acción y tu victoria temporal.

– Hija – dijo Saúl con conmiseración –, entiendo tu corazón endurecido y sé que Jesús tampoco te juzga, solo te da lucidez a tu mente. Enumeras los males cometidos contra tantos, pero te ruego que liberes a doña Amelia que ya sufre y paga los errores de su propio pasado con la actual enfermedad degenerativa y cumple, con gran dificultad, las lecciones que no fueron comprendidas en sus encarnaciones.

Nadie está ausente de contraer muchas deudas en el ámbito carnal – dijo Saúl –, pero Jesús ofrece siempre una nueva oportunidad, un nuevo comienzo. Al renacer en la Tierra, cada persona vive la experiencia que le corresponde, pero esto no significa ganar batallas terrenas. Al reencarnar, Demetrio recibió de las manos celestiales la oportunidad de cambiarse a sí mismo. Por eso es importante que te ayude a atravesar dignamente los portales carnales. Ten compasión. Libera a doña Amelia, así como a Demetrio, ahora Alberto.

– ¿Liberar al amor de mi vida? – Gritó Adelina enojada –. ¿Liberar a alguien que esclavizó a tantos corazones? Estoy aquí para hacer justicia. Muerte a los esclavistas. Aquí vengo mi pasado,[18] cuando esclavizó a mi madre, a quien ni siquiera conocí, pero juré que cuando supiera quién hizo este acto, nunca la dejaría sola – acercándose al lecho de doña Amelia, Adelina, con sarcasmo, continuó:

– Aquí está la amable señora que participó de las incansables novenas de la iglesia orando por su hija, su hijo y su maldita nieta. Los tontos encarnados que solo ven lo que los ojos materiales pueden ver.

Ella, además de esclavizar, fue la responsable que muchas personas fueran desviadas de mi mundo. Vendió a muchas jóvenes que se prostituyeron para alimentar la vanidad y el lujo en el que vivía doña Amelia en el pasado. Todas las víctimas de este mal están bajo mi cuidado en mi mundo.

En un golpe repentino, Felipe, bajo las órdenes de Saúl, aprovechando la oportunidad, rompió el turbio vínculo energético entre Adelina y doña Amelia. Ella, incapaz de soportar la intensa

---

[18] Nota del Autor Espiritual (Saúl): aquí Adelina se refiere a la historia que una vez les conté a mis amigos Ferdinand y Bernard en el libro *El Símbolo de la Vida*.

luz sobre ella, cayó de rodillas, sin fuerzas. Yara, al recibir la fuerza de la luz, rompió el vínculo mental con Adelina, rompiendo el círculo vicioso de las influencias oscuras. Inmediatamente Yara se colocó frente a Felipe y le devolvió el golpe con sus sombras. Ella, completamente alterada y llena de odio, rápidamente analizó el entorno y, tratando de desestabilizar al benefactor, dijo irónicamente:

– Crees que ganaste esta batalla, pero mira a los soldados que elegiste para luchar contra mí en el mundo físico: el médico es un hombre inexpresivo que se convirtió en motivo de sus propios dones, en busca de alivio para su viudez, no por el camino del amor. Con él actuaremos oportunamente – enseñoreándose, mirando a la señora Luísa, Yara continuó:

– Pronto regresará aquí debido a sus propios hábitos alimenticios inferiores.

Rebelde, poco a poco acorta sus días y tiene el corazón sobrecargado debido a los alimentos que consume de forma compulsiva. Aprovecharemos sus debilidades, será mi victoria.

En cuanto a ti, Saúl, el bondadoso médico, nada puedo hacer para ayudarte, después de todo, los iluminados respetan el libre albedrío – con los ojos enrojecidos, continuó:

– Saúl, no tienes ningún medio capaz de luchar conmigo en esta batalla contra la enfermedad en la Ciudad de Jade y sus habitantes de la luz. Sé que los refuerzos que trajiste están actuando de manera invisible, pero todo es inútil. Solo espérame.

Mirando fríamente a Adelina que estaba exhausta y debilitada, Yara, derramando su odio, dijo:

– Es inútil. Recibirás la frase correcta cuando lleguemos a mi mundo.

– Por clemencia – suplicó Adelina –, dame una nueva oportunidad, confía en mí, no te decepcionaré. Señora mía, te soy eternamente fiel, porque solo quiero a Demetrio y por él haré todo lo que me ordenes. No pude soportar el golpe de luz de los iluminados, pero a tu lado lucharé contra ellos hasta el final.

Ignorándola, Yara ordenó severamente a esas criaturas oscuras que se fueran. Sin atreverse a contradecirla, obedecieron fielmente.

~ O ~

Mientras tanto, en el mundo físico, Néstor, doña Luísa y Fátima, unidos por la fe, oraban fervientemente.

Tiempo después, sin explicación todos fueron sorprendidos por la señora Amelia quien se calmó y se durmió plácidamente.

De manera invisible, el equipo de Saúl trabajó arduamente para armonizar el ambiente, eliminando la densidad y dando paso a una paz indescriptible.

CAPÍTULO 13 Entendiendo la Violenta Persecución

"Levántate, toma tu lecho y anda

Marcos, 2:9

Algún tiempo después, en el mundo físico, Rita y Fátima entraron a la habitación.

– Que Dios nos bendiga – dijo doña Luísa, exhausta –. Está más tranquila, aprovecharé para bañarla y darle de comer.

Poco después, con rapidez y cuidado, la cuidadora atendió a la paciente, mientras Rita y Fátima organizaban y desinfectaban la habitación, que parecía un campo de guerra.

Luego, gracias a una medicación bien guiada por el doctor Néstor, doña Amelia se durmió plácidamente. Rita preparó té con cariño para sus amigos. Néstor, éticamente, se comunicó con el médico de doña Amelia para comentarle la situación y el ajuste de medicación necesario que era importante en ese momento.

Al finalizar de formular las recetas con la conformidad del médico responsable del tratamiento de doña Amelia, dijo:

– Aquí está la nueva receta, espero que la señora Amelia se adapte rápidamente al nuevo medicamento y así se sienta mejor – preocupado, Néstor continuó:

– Es importante llevarla a algunas pruebas. Identifiqué que tiene algún deterioro cardiorrespiratorio que necesita atención y cuidados.

Rita, visiblemente preocupada, preguntó:

– Por favor, no me ocultes nada. Prefiero la verdad, así puedo estar preparada para mañana y más fuerte para afrontar la triste realidad.

– El estado de salud general de su madre no es uno de los mejores – continuó Néstor –. Ya se lo informé al colega que la atiende y él también está de acuerdo. Necesita cuidados y recomiendo hospitalización. Voy a ayudar con los trámites, hoy está bajo mi cuidado y podría pasar la noche aquí, pero mañana la vamos a llevarla al hospital.

– No me atreveré a decir lo contrario. Mañana haré lo que me recomiendas – dijo Rita, entristecida –. No sabía que ella podía desarrollar una enfermedad así.

– El paciente con Alzheimer – intervino Néstor, con todo respeto –, normalmente no proviene de la enfermedad, sino de otras patologías que surgen al mismo tiempo, como la inmunidad reducida, que fomenta enfermedades oportunistas que pueden provocar la muerte.

Desafortunadamente, la enfermedad progresa rápidamente, antes de destruir funciones primarias como comer o perder el control motor y la capacidad de moverse, se borran los recuerdos recientes y pasados. Por tanto, la demencia degenerativa comienza sin revertirse.

Por lo que pude entender y concluir brevemente que tu madre ya tuvo un infarto y ahora hay evidencia de la progresión de la limitación del músculo cardíaco, que, junto con el Alzheimer y la edad, se ha vuelto más pronunciada, considerándolo muy lamentable, el estado de salud de tu madre no es el mejor.

– Créeme, poco a poco me he estado preparando para su partida – dijo Rita con tristeza –, el doctor dijo que no hay nada que pueda hacer y que me corresponde a mí esperar – Rita, secándose su tímida lágrima, continuó:

– Todos, todos los días pienso en lo que dejé de hacer por mi madre. Sé que quien cuida a una persona mayor entiende lo que significa y lo difícil que es. Más aun en un estado así, pero tratamos de cuidarla con amor. Nunca me quejo porque cuando ella estaba bien me ayudó a criar a mi hija, pero ahora ni siquiera nos reconoce. Fue muy triste verla en pérdida progresiva de la memoria.

Todo sucedió muy rápido – dijo Rita –. De un día para otro se olvidó de las cosas y pronto no pude dejarla salir sola. Tenía miedo que se perdiera. Al poco tiempo ya no nos reconoció. Lo que más me molesta son las agresiones, que, lo confieso, fueron muchas. No puedo entender lo que pasó aquí hoy. Había pasado mucho tiempo desde que ella siquiera hablaba, era totalmente dependiente. Hoy parece que estaba bajo el poder de muchos.

– El Alzheimer es una preocupación para las autoridades médicas – dijo Néstor –Sin embargo, a pesar de los esfuerzos, la comunidad científica aun no ha logrado desarrollar un tratamiento eficaz para eliminar esta enfermedad, pero no podemos disociar el tratamiento médico de la asistencia espiritual. Ambos pueden proporcionar una calidad de vida más adecuada a quienes padecen esta afección.

– Amiga – dijo doña Luísa –, no podemos olvidar que además de la medicina de la carne, nuestro paciente necesita el alimento del espíritu.

Rita, asombrada, dijo:

– Por lo que puedo decir, todos son espiritistas. Me di cuenta de lo que hicieron aquí. Aun sin tener la más mínima idea de los hechos vividos, quiero agradecerte la amabilidad con la que trataste a mi madre. También me sorprendió la forma en que afrontaron la difícil situación con amor y dedicación.

– Querida – dijo Fátima –, aprendí del Espiritismo a afrontar las dificultades con más resiliencia y fe.

– Perdóname, pero no entiendo – respondió Rita.

¿Por qué después de imponerle las manos a mi madre se calmó? Este Alzheimer es tan complejo que está más allá de la comprensión racional. ¿Podría el Espiritismo explicar una prueba tan grande?

En ese momento, en un momento invisible, el benefactor Almería, guiado por Saúl, involucró a Néstor para que sus palabras ya no reflejaran los conceptos científicos de la Medicina humana, sino la sabiduría de las leyes superiores con el objetivo de calmar aquellos corazones en un estado temporal de sufrimiento.

– Aunque seas un profesional médico – dijo Néstor –, comparto tu opinión. La Medicina intenta comprender esta enfermedad que tanto hace sufrir al paciente y que no deja de ser una gran prueba de paciencia para los familiares. Sin duda, hay componentes espirituales que no podemos ignorar.

Este proceso degenerativo puede estar vinculado a expiaciones para quienes padecen la enfermedad, así como para los familiares que, en muchas situaciones, no están preparados para comprender la degeneración neuronal de sus seres queridos. No podemos olvidar que no somos hijos de una sola vida y nuestras acciones pasadas exigen que nos reajustemos.

Luego de una breve pausa, Néstor suspiró profundamente y continuó:

– El estado de salud de los pacientes de Alzheimer, en muchos casos, empeora cuando adversarios del pasado utilizan esta demencia para atacar a su víctima, porque el cerebro está en un estado pasivo, incapaz de utilizar el lado racional para defenderse de tal influencia.

Además, impide que la víctima ore y utilice el amor para sintonizarse con Dios. Como resultado, los obsesores perciben una pérdida de memoria debido al deterioro cognitivo, subyugan al paciente a la voluntad de su obsesor.

En consecuencia, bajo esta influencia, el paciente sufre graves daños que afectarán las funciones cerebrales, empeorando su estado de salud. Además de causar grandes disturbios a los familiares, cuidadores, médicos o cualquier persona cercana a él.

– ¡Por Dios! ¿Cómo puede una persona muerta influir de forma tan aterradora en alguien que está vivo? – Preguntó Rita.

– Entiendo tu indignación – dijo Néstor, afectuosamente –. Cuando desconocemos aspectos sobre la continuidad de la vida y conceptos espirituales, creemos que no existe nada más allá de la materia. Afortunadamente, este concepto es erróneo. Somos hijos de muchas existencias y en cada una de ellas medimos el bien y el mal, la alegría y la tristeza, el amor y el odio. Sin embargo, dependiendo de nuestras actitudes, algunos espíritus liberados del cuerpo físico influyen directa o indirectamente en quienes están vivos.

– ¿Cuál es el mecanismo que utilizan para lograrlo? – Preguntó Rita.

– A través de nuestro pensamiento – intervino Fátima– , entre otras cosas, las actitudes inferiores, la invigilancia, la falta de Dios en uno mismo, la falta de fe y, sobre todo, la falta de estudio y de oración. Querida, créeme, esto lo aprendí por experiencia en mi propia casa y en reuniones en la institución a la que asisto. Poco a poco me libero de mi ignorancia y fortalezco la fuerza de Dios dentro de mí.

– Amigos míos – dijo Rita – ¿cómo pueden los familiares y cuidadores aliviar esta situación hostil?

– A través de la oración – respondió Néstor – y, sobre todo, entendiendo que no podemos quitarle a nadie sus pruebas, aunque sean un gran amor de nuestra vida, no nos corresponde a nosotros pedir la transferencia del sufrimiento a uno mismo, como muchos suplican a Dios: "Señor, quítale el sufrimiento y déjamelo a mí."

Quienes están cerca de un paciente con Alzheimer deben tener paciencia todos los días, buscar ayuda de profesionales competentes para ayudarle a aceptar la enfermedad y aprender a afrontarla y, sin duda, nunca ausentarse de Dios, fortaleciendo su fe a través de la instrucción y el amor.

– Tampoco podemos olvidar – intervino Fátima – que el Evangelio en el Hogar es un gran medicamento para equilibrar e higienizar el ambiente donde vivimos. Con esta práctica el hogar estará protegido y en armonía, incluso ante circunstancias difíciles.

Rita quedó asombrada ante tal iluminación y con cariño dijo:

– Busqué estas respuestas en mi credo y no las encontré. Hoy, frente a todo lo que he vivido, Jesús generosamente me permitió ser dotada de tal conocimiento. Quiero algún día conocer el Espiritismo y la institución a la que asisten – dijo Rita.

Lo que dicen calma mi corazón y aclara las dudas silenciosas que tengo en mi corazón.

Mientras tanto, doña Luísa interrumpió la conversación:

– Con la gracia de Dios doña Amelia está tranquila y duerme tranquila, ahora tengo que salir, pues me esperan tareas domésticas en mi casa. Creo que las hay, no son pocas y para cenar preparé algunos platos italianos.

– Amiga mía – dijo Fátima – tengo consciencia que las tareas del hogar nos consumen, pero recuerda cuidarte. No has caminado durante días muy bien con estas crisis de hipertensión. Recuerda, está claro que hay que cuidar el espíritu, pero el cuerpo es nuestro gran patrimonio y hay que cuidarlo.

– Lo sé – dijo la señora Luísa sonriendo –, pero ¿cómo resistirme a las delicias que aprendí de mi abuela? Todos pelean conmigo para que sea ahorrador con la sal, pero no puedo. Ésta es mi debilidad, la comida. ·

Cambiando el rumbo de la conversación, Néstor dijo:

– Yo también necesito irme, esperaré ansiosamente la oportunidad de llevarte a una reunión en la institución espiritual, estoy seguro que quedarás encantada con todo y con todos.

Al despedirse de Rita, Néstor se ofreció a llevar a Fátima y doña Luísa a sus residencias. Mientras tanto, en lo invisible, los guardianes de la luz mantenían la atención, manteniendo la armonía de ese hogar y quitando las sombras de ese espacio.

~ O ~

Al día siguiente, siguiendo las recomendaciones de Néstor, Rita trasladó a su madre al hospital local.

Con la ayuda de Néstor, la señora Amelia, que sufría de una grave dificultad para respirar, fue ingresada en el hospital, mostrando un dramático empeoramiento de su salud general. Cuando llegaron, no tardaron en ser ingresados en el hospital en la unidad de cuidados intensivos.

Siguieron cinco días de intensos sacrificios para la familia de Rita.

Alberto aun estaba ausente, pues había viajado a Estados Unidos por trabajo, dejando a Rita tomando decisiones difíciles respecto al manejo de la salud de su madre. Sin poder contar con el apoyo de su marido, Fátima y Ricardo no se separaron del lado de su amiga, mientras que Adrián y Sabrina se mantuvieron más cercanos y fortalecieron su relación día a día. El amor entre ellos creció como una semilla que dio origen a los primeros capullos de una hermosa flor.

Doña Luísa, llena de compasión, ayudó a Rita en todo lo que pudo. Mientras que Néstor, quien tenía cariño a aquella mujer guerrera, también permaneció a su lado, apoyándola y traduciendo los diagnósticos e informes médicos emitidos por los profesionales de ese hospital.

Sin embargo, doña Amelia claramente estaba empeorando. Debido a sus días en la UCI, una bacteria resistente consumió su cuerpo y para contenerla, la señora Amelia fue sometida a grandes dosis de antibióticos. Además, con los fuertes medicamentos para la insuficiencia cardiorrespiratoria severa, sus riñones rápidamente fallaron, lo que la llevó a iniciar el doloroso proceso de hemodiálisis.

Esa mañana, la lluvia tocó suavemente la ventana de la sala de espera del hospital. Doña Amelia luchó por vivir, pero su empeoramiento era inminente. Néstor, siguiendo cada procedimiento, intentó junto a sus compañeros de profesión hacer lo mejor que podía, pero no pasó mucho tiempo para que doña Amelia abandonara el sufrimiento de su cuerpo físico y se confirmara la muerte.

Lleno de coraje, luego de quitarse los guantes de plástico y la mascarilla que protegía su rostro, Néstor se acercó a Rita y en un gesto espontáneo, la abrazó y le dijo:

– ¡Confía en Jesús! Entrega a tu madre a Dios, porque ahora ya no pertenece a este mundo.

Rita entre sollozos, encontró consuelo para sus lágrimas en el abrazo amistoso.

Los amigos presentes inmediatamente se pusieron disponibles para ayudarle con tareas difíciles del entierro.

~ O ~

Mientras se preparaba el cuerpo de doña Amelia para el entierro, de manera invisible, el equipo de Saúl permaneció en espera.

Bajo la amable guía de Saúl, se llevó a cabo el tratamiento médico del mundo espiritual con respeto y cuidado para preparar y transferir la recién llegada a una estación de ayuda temporal, antes de dirigirla a Ciudad de Jade.

De repente, una densidad y una luz oscurecida invadieron sin piedad la habitación. Fue Adelina, quien acompañada de sus guardianes en la sombra, reclamó la posesión de aquella mujer.

– Vamos, iluminados, vengo a buscar lo que me pertenece.

¡Hija de Dios! – exclamó Saúl –. Nadie es propiedad de nadie, te ruego que liberes a esta mujer que, a pesar de sus deudas pasadas, ya fue condenada a una enfermedad que purificó su alma mientras estuvo encarnada. Además, ¿hace unos días fuiste masacrada por Yara y aun sigues fiel a ella?

– No me cuentes esas historias – vociferó Adelina –. Quiero lo que me pertenece. Ella no merece piedad y ya le preparé una celda para que su castigo continúe durante milenios. Si le llevo a esta inútil a mi líder, ella me presentará a Demetrio.

– Aunque te escondas detrás de una enorme maldad, dentro de ti vive alguien que Jesús no ha olvidado, por eso aquí estamos. Yara no cumplió su promesa porque ella también es una hija de Dios que necesita apoyo.

– ¡Eres un tonto! Ella honrará su promesa y tendré a Demetrio a mi lado – Adelina, con ironía, cambiando el rumbo de la conversación, continuó:

– Bueno, siempre creí que algún día seguiría tus pasos. Te equivocas, mientras viva entre los mundos que habito, soy la emperatriz de los corazones caídos, por eso haré justicia según mis leyes y silenciaré a todos los que viven para tu Jesús.

– No creo en un mundo hecho solo para sembrar el mal, creo en el amor y la bondad de Dios. Confío en su compasión y sé que liberarás a esta pobre mujer.

Mientras tanto, dos seres alejados de la luz bajo las órdenes de Adelina, irradiaron una luz grisácea sobre doña Amelia e hilos negros envolvieron su sistema cardíaco, transmitiéndole intensa desgracia y perturbación.

Inmediatamente, los emisarios celestiales intensificaron su guardia y luego de una intensa batalla, lograron anular la acción de los seguidores de las sombras.

Adelina, visiblemente enfurecida, gritó sin contenerse:

– ¡Maldición! Se creen ganadores, pero si ante mí se postrarán – mirando fríamente a Saúl, entre un grito mezclado con un fuerte aullido, dijo:

– Respetaré tu elección, pero junto a Yara, el rey lucha para destruir no solo la Ciudad de Jade, sino tu trabajo y el de todas las personas iluminadas que trabajan por el bien de la Tierra. Me reiré, sin piedad, en todos los vinculados a Amelia y no tendré piedad. Someteré uno a uno y haremos que sus días sean bañados en llamas de fuego y oscuridad. Entonces, a través del sufrimiento de tus amores, Saúl, te veré postrado ante mí.

Incapaces de lograr sus objetivos, Adelina y sus compañeros se retiraron dejando tras de sí un ácido rastro de odio y venganza.

Almería, con respeto, dijo:

– Cada encuentro que tenemos con Adelina noto que está más endurecida. Confieso que rezo a favor de este corazón endurecido, pero lamentablemente la realidad nos muestra lo contrario. Pido a Jesús compasión, así como sabiduría y comprensión para todos nosotros, ya que no puedo ver la victoria en el corto plazo.

– Amigo – intervino Saúl –, entiendo tus preocupaciones y comparto tus oraciones, pero este momento exige vigilancia y mucho trabajo. Recuerda que no estamos solos y Jesús nos guiará. Tenemos que unir nuestros corazones y entender el momento de Adelina. Un día despertará de esta pesadilla y encontraría el camino hacia su libertad. Hay que esperar, sin olvidar el trabajo y sabiendo que Dios no abandonará a ningún niño en la fría noche ni en la llama viva de las tinieblas que grita fuerte en el corazón de sus hijos.

Felipe, médico del equipo de Saúl, preocupado, dijo:

– Tenemos que reforzar la guardia. Temo por los que están cerca de Rita.

– Sí, hijo mío – intervino Saúl –, buscaremos fuerzas en la Ciudad de Jade y también con la médium Irene[19] para que nos asista en esta difícil empresa.

– Señor – dijo Almería – ella está lejos de Leopoldo de Alcántara. ¿Cómo haremos?

– Néstor será nuestro médium. La conoció cuando estaba en la ciudad de São Paulo. Por ahora confiemos en Jesús y no perdamos más tiempo, después de todo una batalla ha terminado. Necesitamos prepararnos para afrontar la difícil tarea que Yara nos tiene reservada.

– Perdóname – dijo Almería –, pero Fátima y Ricardo están aquí en esta ciudad del interior de São Paulo. ¿Cómo acercarlos a Irene?

– No te preocupes. Ricardo ya abrió un establecimiento en São Paulo, lo que le hace viajar periódicamente a la capital. Mientras tanto, con nuestra ayuda, los lazos de amistad entre él y Néstor se van fortaleciendo. Esto nos ayudará con nuestros objetivos.

Sin perder tiempo, aquellos emisarios de Cristo se retiraron y trasladaron a doña Amelia, en estado de profundo letargo, a una estación intermedia para prepararla para luego dirigirse a la Ciudad de Jade.

---

[19] Nota de la médium: los detalles de este personaje fueron relatados en los libros *Los Ángeles de Jade* y *Un Amanecer para Recomezar* por el espíritu Saúl, psicografiado por Gilvanize Balbino Pereira.

CAPÍTULO 14 El día a día

Realidad Violenta

> *"Nadie puede entrar en la casa de un hombre fuerte y robar sus pertenencias a menos que primero lo ate; solo entonces podrá robar su casa."*
>
> Marcos, 3:27

Dos meses siguieron a la muerte de doña Amelia. Esa tarde Alberto regresó a su residencia después de un largo viaje a Estados Unidos. Al llegar, como de costumbre, inició una minuciosa inspección de su vivienda, buscando la perfección en la limpieza, la posición de los objetos y, sobre todo, la disposición de sus pertenencias.

Rita había salido a entregar un pedido de costura, y al regresar encontró a su marido sentado en el salón principal, con expresión austera.

Al darse cuenta que lo contradecía, preguntó cuidadosamente cómo había sido su viaje y antes de terminar la frase, fue repentinamente interrumpida:

– Cuando llegué a esta maldita ciudad, paré en la panadería y Ricardo, muy feliz, dijo que su hijo y nuestra hija son novios, y es más, decidieron casarse. Me ocultaste esto.

– Iba a contarte sobre la boda, pero fueron tantas las cosas que sucedieron durante este período de tu ausencia – dijo Rita, visiblemente nerviosa –. La muerte de mi madre y las tareas posteriores que ocuparon todo mi tiempo. Estoy muy feliz con los jóvenes y están radiantes y sus padres, y también estoy muy agradecido con el Señor por unir esos corazones que se aman mucho.

– No me importa la muerte de tu madre, al fin y al cabo ella era una carga, pero sí me importa el futuro de mi hija – respondió Alberto con odio –. Basta de tonterías amorosas, mis planes para ella son muy objetivos. Quiero que se case con un hombre rico y bien posicionado, no con el hijo del dueño de una panadería de un pueblo rural.

Rita, intentando aliviar la tensión del momento, continuó:

– Como padres debemos aceptar las decisiones de nuestros hijos y apoyarlos con amor. Además, esta unión es una bendición. A Adrián lo conocemos desde pequeño y ahora se esfuerza por terminar la universidad y establecerse profesionalmente. Tú también deberías ser feliz.

La tensión en el ambiente era visible.

En lo invisible, entraron a la habitación seres rodeados de sombras y los compañeros de toda la vida de Alberto. Poco después, Adelina, majestuosa, se incorporó inmediatamente al sistema nervioso del hombre, emanando de él un fluido negro y sometiéndolo a sus deseos más íntimos. Alberto, acostumbrado a esa maniobra de oscuridad, recibió las órdenes oscuras en total armonía.

Mientras tanto, Rita, nerviosa, intentaba calmar la situación, pero cada palabra de amor o actitud era inútil.

Después de una gran violencia verbal y física, de la que ahorraremos los detalles al lector, Alberto se retiró a su oficina. Cuando llegó Sabrina, pronto se dio cuenta que algo malo había sucedido. Sin perder tiempo, encontró a su madre llorando, sentada en una silla de la cocina y escondiendo el rostro entre las manos debido al gran hematoma que marcaba su rostro.

Sabrina inmediatamente la abrazó y con su cariño habitual, depositó un beso en la frente de su madre, tratando de aliviar su dolor y le preguntó:

– Mamá, ¿qué pasó aquí?

Ella estaba llorando, deprimida y herida.

– Hija, no te preocupes, estoy bien. Estaba distraída y me lastimé con la puerta del armario – dijo Rita, tratando de ocultarlo –. Insisto a que vayas a casa de Fátima y te quedes allí hasta que yo te llame.

– Otra más de esas misteriosas heridas y accidentes – añadió Sabrina, recelosa –, pasé años de escuchar esto, pero algo pasó aquí y no estaba en el armario. No me iré de tu lado. ¿Por qué haría eso?

– Llegó tu padre, no se encuentra muy bien y además está muy nervioso por cuestiones laborales. Sin embargo, descubrió que tienes intención de casarte con Adrián y él no quedó muy contento. Ahora hija, lo calmaré.

En ese momento, sin que hubiera tiempo para ninguna acción, Alberto se acercó. Al ver a su hija, sin saludar, le dijo directamente:

– Entonces decidiste casarte con Adrián, el hijo del panadero. No te di la mejor educación para pagarme con eso. Exijo que pongas fin a esta ridícula historia ahora mismo.

– Papá – dijo Sabrina, asustada por la actitud paternal –, iba a decírtelo, pero hacía tanto tiempo que no estabas en casa que no tuve la oportunidad. Adrián es una persona muy digna y honesta. El hecho que sea hijo de un hombre sencillo no anula los valores y la integridad que recibió a través de la educación de sus padres. Si me amas, sé que aprobarás nuestra unión. Y no renunciaré a mi felicidad.

Rita, al darse cuenta que la actitud de su hija había irritado aun más a Alberto, intervino:

– Sabrina, querida, ve inmediatamente a casa de Fátima. Déjame hablar con tu padre.

– Esa maldita cosa me está retando – respondió Alberto alterado, con los ojos enrojecidos y enfurecido –. Se parece a su madre inútil. Nunca aprobaré tal locura. En el pasado cometí un gran error al casarme con una mujer inútil, pobre e ignorante como tu madre. ¿Quieres hacer lo mismo? Mírala y ve lo que podría ser el mañana. Una costurera inútil o una empleada de panadería que vive en este lugar asqueroso.

Si eliges continuar con esta absurda historia de matrimonio, tu futuro será quedarte en esta ciudad, cosiendo y limpiando. Ahora, si escuchas mi consejo, podrás tener una vida lujosa y llena de beneficios – con los ojos enrojecidos, continuó –. Es tu elección.

Sabrina, sin poder ocultar sus abundantes lágrimas, aterrada ante el furor de su padre que ella misma desconocía, se armó de valor y lo encaró:

– No hables así de mi madre. Es una mujer digna y un ejemplo para mí. Tú siempre estabas ausente y ella era a la vez madre y padre, de hecho, el padre que yo nunca tuve.

Alberto, completamente enfurecido, se arrojó hacia su hija y le dio una bofetada.

Sabrina, incapaz de soportar el peso de la violencia, cayó al suelo. Rita, con gran dificultad, se paró frente a su hija y gritó:

– ¡Ahora basta! Todos estos años soporté tanto maltrato, y nadie supo lo que pasó dentro de esa casa o lo que pasé junto a ella, ni siquiera Sabrina. Por ella pude aguantar tanta violencia y tu locura, pero tratándose de mi hija, no permitiré que le hagas nada ni que levantes la misma mano que me levantaste a mí cada día que pasé sufriendo a tu lado.

Alberto, sorprendido por la inaudita reacción de su esposa, no pudo contener su impulso y atacó vorazmente a Rita, gritando:

– ¿La estás defendiendo? Ambas son iguales –. Alberto mirando fríamente a su esposa continuó:

– No eres más que una chica de campo sin valor. Solo me casé contigo porque quedaste embarazada y mis padres con esos valores regresivos me obligaron a someter mis días al lado de alguien que no está a la altura de ser mi esposa.

No eres más que una pobre costurera y una persona cualquiera. Mantengo este matrimonio por conveniencia social para mi trabajo, nada más, pero ya no lo soporto, para mí ha llegado a su fin.

Me voy a separar de ti, algo que debí haber hecho hace mucho tiempo. Créeme, te dejaré donde te conocí, en la extrema pobreza. No te daré nada. Voy a quitarte todos tus bienes y tú, y Sabrina podrán trabajar como dependientas en la panadería de Ricardo. No las apoyaré en nada.

– Nunca pensé que diría esto – dijo Rita, con dificultad –, pero esto es lo que más deseo: separarme de ti.

Alberto, sin contener su furia, se levantó y fue al encuentro de su mujer. Como en otras ocasiones, ya que no era el primer hecho de estas características. De repente, con extrema violencia, golpeó a su esposa en la cara. Rita, incapaz de soportar el peso de esa actitud, cayó. Él vorazmente, sin piedad, la atacó con sucesivas patadas.

La escena era digna de conmiseración. Rita, entre abundantes lágrimas mezcladas de dolor y vergüenza, le suplicó:

– Ten compasión. Por piedad te lo ruego, ya no soporto tanta violencia.

Sabrina, desesperada, intentó en vano calmar la furia de su padre, pero sin éxito, tomó el auto y se dirigió a la casa de Fátima. Mientras estaba en camino, le informó de los hechos con total desesperación.

Mientras tanto, el estado de Rita era indescriptible, solo digno de conmiseración.

Alberto, al darse cuenta que se había excedido, no perdió tiempo, recogió las mismas maletas que aun no había desempacado y se fue cobardemente, dejando a Rita en shock, enfrentando, una vez más, la difícil realidad.

De manera invisible, sin que nadie se diera cuenta, los emisarios del bien, bajo las órdenes de Saúl, disiparon la oscuridad, mientras Saúl y Felipe envolvían amorosamente a Rita con una luz azulada.

En un indescriptible gesto de amor, el ambiente previamente transformado por la violencia, en ese momento, se llenó de una luz dorada y un perfume celestial. En medio de esta luz, el ministro de Jade, Ferdinand, acompañado de su fiel amigo Pedro, condujeron a la benefactora Débora hasta ese lugar.

Como una madre caritativa, sumamente humilde, voluntariamente se acercó a Rita y sin que ella se diera cuenta, extendió sus manos hasta su frente y derramó una luz sanadora.

Rita, a pesar del estado que exaltaba la compasión y la misericordia, con suma dificultad y entre lágrimas convulsivas, reuniendo valor y el último resquicio de dignidad que le quedaba en el alma, oró:

− "Enséñame Jesús: A ver con razón; luchando sin desvanecerme; viviendo con esperanza incluso cuando mi corazón sangra de dolor; creer sin dudar jamás de tu presencia; entonces vive sin temer el mañana.

En los caminos de mi existencia, enséñame a comprender que las concesiones provienen de tus benditas manos, así que dame fuerzas para soportar esta prueba.

Aprendí que el dolor tiene su significado y la lucha nos hace más fuertes, pero ahora mis fuerzas se agotan y ya no quiero continuar, perdóname Señor, pero no quiero continuar.

Si es tu intención que yo camine un poco más lejos, no permitas que olvide que prometiste que '*El que me sigue no caminará en tinieblas*'[20], sino que continuará sostenido por sus manos."

---

[20] Nota del autor espiritual (Saúl): Juan, 8:12.

Aquellos emisarios del cielo permanecieron allí hasta que Sabrina, desesperada, acompañada de Fátima, Ricardo y Adrián, entró y se topó con aquella escena de horror.

Cuando Sabrina vio a su madre en ese estado lloró convulsivamente y sin perder tiempo, Fátima, con su objetividad, controló la situación. Tomó una toalla y envolvió a su amiga para detener la hemorragia. Mientras Ricardo y Adrián, con respeto, la levantaron casi inconsciente y la subieron al auto. Luego acudieron al hospital local, que ofrecía las condiciones para atender el caso y donde Néstor, ya notificado de los hechos, esperaba la llegada de sus amigos.

CAPÍTULO 15 Alterar el Rumbo de la Vida para seguir Viviendo

"Nadie hace parches de paño nuevo sobre ropa vieja; porque la pieza nueva tira del vestido viejo y el desgarro aumenta."

Marcos, 2:21

Nada más llegar, Rita fue atendida por Néstor quien, acompañado de la persona de turno, logró estabilizar el estado clínico de la mujer, pero aun requería muchos cuidados.

Los ataques fueron severos. Los médicos llevan a cabo todos los procedimientos y exámenes necesarios para mantener el control de la situación.

Tiempo después, Néstor se acercó a sus amigos y les avisó:

– La condición actual de Rita se estabiliza. Al principio creímos que la mejor opción sería trasladarla a un hospital de São Paulo, ya que existía la sospecha de un traumatismo craneoencefálico. Para completar el diagnóstico se necesita un examen más específico, pero el equipo aquí no está disponible.

– ¡Ay Dios! – exclamó Fátima –, ¿qué haremos?

– Aquí no tenemos el equipo necesario, en la capital recibirá una mejor asistencia – explicó Néstor visiblemente preocupado –, a pesar que estabilizamos su condición, ella sufrió muchos traumatismos y no podemos ignorarlos mejor y trasladarla como tan pronto como sea posible.

– Amigo – dijo Ricardo – haz lo que tengas que hacer, tengo una casa en São Paulo y nos vamos para allá. Fátima puede quedarse con ella el tiempo que sea necesario. Además, yo mismo correré con los gastos médicos.

Poco después, Néstor regresó con los papeles en las manos:

– No te preocupes, ya hice todos los pasos para trasladarla y me comuniqué con mis compañeros de confianza. Iré con ella en la ambulancia, vigilándola. Puedes seguirnos. Por suerte, estamos cerca de la capital.

En ese momento, Adrián abrazó a Sabrina, quien entre lágrimas no pudo ocultar su visible desesperación.

– Por favor, ¿cuál es la situación real de mi madre? No omitas nada, dime: ¿se recuperará?

– Sí, querida – dijo Néstor con firmeza –. Puedo decir que ahora todo está bajo control. Sin embargo, entre otros problemas, hay muchas fracturas: costillas, brazo y sangrado, que es mi preocupación. Por eso creo que es mejor dejarla bajo cuidado médico en un hospital que tenga mejores condiciones de atención.

Sabrina, entre sollozos, añadió:

– Me da vergüenza, no puedo aceptar todo lo que pasó. Ella no se merecía esto. No imaginé que mi padre pudiera ser tan violento. Mi madre siempre fue una buena mujer y nunca se quejó de nada. Me siento muy culpable porque debería haberlo sabido, pero ella nunca dijo nada. Él siempre actuaba violentamente contra ella y nadie sospechaba – sin omitir las lágrimas, Sabrina continuó:

– Verla así es algo que no puedo aceptar.

– Tengamos fe, querida – dijo Fátima

Confía en Jesús y sé que ella estará bien. Entiendo tu desesperación, pero ahora nos necesita a todos. El Señor nos sostendrá. No fue tu culpa. Ahora es el momento de empezar de nuevo, de animar a Rita a que tenga unas condiciones de vida mejores y más tranquilas.

– Hija, cálmate – dijo Ricardo – todo estará bien. Estamos aquí y no las abandonaremos. Iremos a São Paulo y nos quedaremos en mi casa allí. No te preocupes.

Tiempo después, la ambulancia estuvo lista y Rita fue trasladada a un hospital de São Paulo bajo el cuidado de Néstor y con todo el apoyo de sus amigos.

~ O ~

Cuando llegaron, ya entrada la noche, el hospital que la recibiría, ya informado del caso, brindó las primeras atenciones y Rita fue llevada a los exámenes necesarios.

Los días siguientes continuaron siendo tristes y preocupantes. Sin embargo, a pesar que la salud de Rita requería cuidados, luego mejoró y fue alojada en una habitación, donde pudieron acompañarla Sabrina, Fátima y Ricardo, quienes no estuvieron ausentes de su lado ya que debido a la medicación dormía profundamente.

Esa tarde, Ricardo pasó a ocuparse de su negocio en São Paulo, mientras Adrián, de la mano de Fátima, llevaba a Sabrina a organizar la casa y luego recibir a su madre.

Mientras todos se ocupaban de sus asuntos, Fátima permaneció allí con su amiga, quien no ocultó su cariño por verla mejor:

– Estoy muy feliz de ver que te estás recuperando tan rápido.

– Te estoy muy agradecida por todo lo que hiciste por mí y por Sabrina. Me da vergüenza todo esto – tratando de ocultar las lágrimas, continuó –, pero sé que Dios tendrá misericordia de Alberto que está enfermo del alma.

Fátima, llena de compasión, como una madre amorosa, silenciosamente colocó con amor la cabeza de su amiga sobre su pecho, acariciando sus cabellos. Con sumo respeto dijo:

– ¡Querida! Lo que te pasó fue muy grave. Somos amigas desde la infancia y nunca me atreveré a juzgarte, pero debes saber que estaré a tu lado pase lo que pase – continuó Fátima, después de un largo suspiro –. Sabemos que no fue un "mal momento", sino que eres víctima de violencia doméstica y por lo que puedo inferir, eso no está sucediendo solo ahora. Vamos, di la verdad, ¿desde cuándo sufres malos tratos por parte de Alberto?

Rita no pudo contener las abundantes lágrimas. Entre sollozos y vergüenza, como quien necesitaba urgentemente desahogarse y liberarse de semejante pena, le dijo:

– Días después de nuestra boda me di cuenta que él no actuaba como cuando éramos novios. Una manía excesiva le impedía relajarse en nuestra casa. Ningún objeto podía estar fuera de lugar, limpieza excesiva, organización extrema. Al principio imaginé que sería normal, solo la fase de adaptación, pero poco a poco fue empeorando. Después de todo, nos casamos porque quedé embarazada. Como era muy coqueto, pensé que el hecho que el matrimonio hubiera impedido sus aventuras lo ponía nervioso. Sin embargo, me correspondería a mí actuar con resignación, al fin y al cabo siempre he sido muy religiosa y el matrimonio es una institución sagrada.

Menos de un año después de casarnos, nació Sabrina. Cuando estábamos en medio de los preparativos para la llegada de nuestra pequeña, el mes anterior, debido a que la ropa de la niña estaba en la cama, él se asustó, me agarró violentamente de los brazos y me arrojó sin piedad contra la pared. Como resultado del impacto, tuve un sangrado severo y Sabrina nació prematuramente. Solo Dios sabe el miedo que tuve al imaginar que podría haber perdido a mi pequeña. Allí me di cuenta que algo andaba mal y decidí no tener más hijos.

– Ah, recuerdo ese hecho – dijo Fátima

– Nos dijiste que habías estado enferma, pero nunca imaginé que esto hubiera sucedido.

Se hizo una pausa. Rita, en la cama, buscó un poco de consuelo y después de secarse las lágrimas, sintiéndose renovada, continuó su triste relato:

– A partir de entonces los brotes empeoraron. Por suerte para mí, el trabajo que realiza le obliga a pasar la mayor parte de su tiempo lejos de nosotras, pero cuando regresa, vivo una auténtica pesadilla. Tardó más de tres meses al estar ausente, que es lo que yo llamo un momento paradisíaco.

Cuando sé que está a punto de llegar – prosiguió Rita –, examino cada habitación, hasta el último detalle de mi casa. Para ello, organicé una lista y revisé absolutamente todo. Fue la forma que encontré para intentar contener su furia. Sin embargo, si se encuentra incluso un solo trozo de hilo, por ejemplo, en un mueble o en el suelo, es suficiente para iniciar los ataques.

– ¿Por qué soportaste el maltrato y nunca lo denunciaste? – Preguntó Fátima, asombrada.

– Porque siempre fue un excelente padre y nunca dejó que nada faltara en mi casa.

– Te lo confieso – dijo Fátima – había días que Ricardo y yo empezábamos a sospechar que algo andaba mal, porque cuando te veíamos a su lado tu expresión era la de alguien asustado y acorralado. Sin embargo, sabemos que todas las familias tienen sus problemas y por respeto nunca te pregunté nada.

– Al principio lo perdoné porque después de los ataques dijo que estaba nervioso y juró que no lo volvería a hacer –

pensativa, Rita continuó –. Entonces, por Sabrina, y también por mi madre, perdoné y acepté con resignación.

– ¡Ay Dios! Entiendo tus razones, pero cariño, deberías haber buscado ayuda. Hoy en día existen muchos medios legales para protegerse de los agresores que viven bajo el mismo techo – suspirando, Fátima continuó:

– Hoy, convertida al Espiritismo, puedo comprender las razones por las que Dios une el pasado en el presente.

El Espiritismo enseña que no hay accidentes y todo tiene una causa y un efecto. Todo tiene una razón de ser y nada sucede sin el permiso de Dios. Algo más grande que nuestro entendimiento está sucediendo en tu hogar, pero sé que Jesús no nos abandonará.

Rita lloró profusamente, Fátima, respetuosamente, continuó:

– Alberto está loco. ¡Estoy asombrada! No entiendo cómo los ataques no le dejaron marcas evidentes.

– Eres la hermana que no tuve, ahora puedo aceptar mi sufrimiento – respirando profundamente, Rita continuó:

– ¡Desgraciadamente no es así, ya ves!

Con dificultad, Rita le mostró las marcas en su espalda, resultado de varios ataques a lo largo del tiempo.

– Mi hija es una bendición que recibí del cielo y me dio fuerzas para continuar. Entre Alberto y yo ya no hay ni una pizca de respeto. Nunca me quejé porque era un excelente padre. Incluso cuando enfrentaste dificultades con Adrián, veo que hay amor entre ustedes. Creo que nunca supo el significado de esto.

Las lágrimas de Fátima cayeron voluntariamente. Ella, intentando disimular la mezcla de enfado y asombro, intentó consolar a su amiga:

– Querida, siempre gracias a Jesús por mi familia. Adrián se desvió del camino, pero el accidente le dio una lección y ahora está equilibrado. Necesitas ayuda y estaré a tu lado. Conozco bien tu historia. Alberto siempre se comportó como un frío general, pero como parecían una pareja ejemplar no nos atrevíamos a decir nada.

– Soporté este calvario en silencio – confesó Rita entre sollozos –. Intenté no exponerme ni a Sabrina ni a mí, así que no fui al hospital. Solo me puse las vendas porque no podía soportar tanta vergüenza. Ahora tengo que aceptar mi situación, pero temo por nuestros hijos.

– Por nuestros chicos no hay que preocuparse, están felices y desde que Adrián empezó esta relación, es otra persona. Más dedicado a sus estudios y, milagrosamente, él y Ricardo nunca estuvieron mejor y más unidos en sus actividades profesionales. Ahora tenemos que pensar en ti. ¿Vas a denunciarlo?

– No haré esto por mi hija, pero tomé la decisión: quiero una separación.

– Quiero preguntarte algo – dijo Fátima –. Después que mejores, irás conmigo a la institución espiritista.
Necesitarás mucha fuerza para lograr sus objetivos.

– Amiga mía, sí, lo haré. Quiero conocer el lugar que frecuentas, necesitaré mucha fuerza para afrontar los días venideros – intervino Rita –. Lo que quieras, tengo fe en que Dios estará a mi lado. Rezo para que Alberto encuentre el camino y nos deje en paz.

~ O ~

Los días pasaron rápidamente.

Rita había sido dada de alta, pero aun no podía viajar a Leopoldo de Alcántara, por lo que Ricardo decidió que se quedarían en São Paulo hasta que ella se recuperara y estuviera en condiciones de soportar el viaje. Néstor, quien también mantuvo una residencia en São Paulo, para apoyar a sus amigos, también permaneció en la capital.

Esa noche, Fátima y Ricardo no ocultaron su felicidad.

Néstor había invitado a todos a asistir a un encuentro espiritual en una institución muy respetada, a la que asistió antes de partir hacia Leopoldo de Alcántara. Y para sorpresa de todos, Rita aceptó la invitación.

Aun con dificultad, sostenida por el inmenso cariño de sus amigos, continuaron hacia su destino.

Cuando llegaron, fueron recibidos por Néstor, quien los esperó cariñosamente y los condujo al salón principal. Ese encuentro sería especial, ya que se esperaba con impaciencia a una médium llamada Irene.

Con franqueza, Irene acogió a los presentes, envolviéndolos en un ambiente de amor. Cuando la compasiva médium se encontró con Rita, ella voluntaria y sin pretensiones la abrazó, arropándola en su corazón.

Rita, por su parte, no pudo contener las lágrimas, el valioso gesto de Irene sorprendió a todos. Después de recibir esa libre expresión de afecto, Rita se sintió restaurada y conmovida, sin poder definir el momento según las líneas de la razón.

Sabrina, al lado de su madre, tampoco pudo contener las lágrimas e Irene, sin prejuicios, pero con respeto, repitió el gesto con los demás.

Néstor, con una amplia sonrisa al saludarla, dijo:

– Que Dios nos bendiga por poder regresar a esta casa.

– Si Jesús vive en nuestros corazones – dijo Irene – nunca saldremos de su casa. Él es quien conoce nuestro interior y sabe lo que necesitamos.

Con respeto, Irene se posicionó para comenzar la charla de la noche. Las palabras, magnetizadas por una luz celestial, facilitaron la expresión de Saúl a través de sus labios y tiempo después concluyó su conferencia:

– Dios no abandona a nadie. Todos pasamos por dificultades, pero todo pasa. Para que los árboles crezcan dentro de un bosque es necesario:

Que otros mueran para que nuevos brotes reciban luz;

Deje que los pájaros vuelen de sus nidos para que otros nazcan en ese mismo nido;

Desapego para que nuestros amores puedan continuar su camino hacia su propia evolución hacia los cielos.

¿Cuál es el punto de culpar a otros por tus limitaciones?

Recordemos que todo aquel que nos hace daño es un hijo enfermo de Dios que necesita compasión. Todos aquellos que renuncian por el bien de los demás o que sufren por actos enfermizos, reciben bendiciones de Dios.

Jesús nos llama a mirar con compasión a nuestros opresores, olvidando sus actos irreflexivos contra nosotros, porque después de pasar por un largo invierno, siempre se nos presenta una fragante primavera.

Con el tiempo, todo se equilibra y avanza hacia la luz. Jesús es el conocedor de los corazones, por eso es importante la paciencia, ya que todo sigue el plan que Dios definió para sus hijos y siempre los guiará hacia la luz.

Después de la explicación, envuelta por Saúl, concluyó:

– *Bienaventurados los que lloran, porque serán consolados. Bienaventurados los que beben y tienen sed de justicia, porque serán saciados. Bienaventurados los que sufren persecución por causa de la justicia, porque ellos son el Reino de los Cielos.*[21]

– "Señor Jesús.

---

[21] Nota Espiritual del Autor (Saúl): Mateo, 5:5, 6 y 10.

Ante los obstáculos de la vida, todavía nos encontramos ensordecidos, mudos y ciegos.

Caminamos desfallecidos, con el pecho arrugado por el egoísmo alimentado por nuestra ignorancia.

Contamos los días pasados y nos olvidamos de vivir el presente, construyendo siempre lo mejor para nuestro futuro hoy.

Con la mirada puesta en nosotros mismos, ignoramos el Sol que despierta cada mañana con serenidad, a pesar de traer consigo el volcán vivo de su Naturaleza.

Dudamos de tu ayuda, pero Señor permaneces siempre a nuestro lado, con bondad, transformando nuestras ilusiones en trabajo constante y seguro.

Frente a tu compasión alcanzamos la victoria y, frente a tu misericordia, tocamos los cielos sin olvidar las responsabilidades que coronan nuestra vida en los caminos del mundo, aunque parezcan arduos y difíciles.

Llevaremos con nosotros la certeza que la gloria de tu sabiduría trazará los caminos de nuestra vida y que los vientos del desaliento, del desánimo o del tormento no podrán destruir nuestra fe, nuestro trabajo y nuestras esperanzas."

Al final, con respeto, Néstor se acercó a Irene y ella lo saludó afectuosamente y fraternalmente.

Rita, asombrada, sin contener las lágrimas, volvió a buscar en los brazos desconocidos más allá de su abrazo, una manera de calmar el dolor oculto que ardía en su interior.

La médium con inmenso amor la envolvió con respeto y se despidió en silencio.

CAPÍTULO 16 Doña Luísa y el Cambio de Actitud

"Entonces Jesús le dijo: ¡Tú sí puedes...

¡Todo es posible para aquel que cree!

Inmediatamente, el padre del niño gritó: ¡Creo! ¡Ayuda mi incredulidad!"

Marcos, 9: 23–24

Los días sucedieron rápidamente, imprimiendo coraje a la marcha en la vida de estos personajes.

Rita y sus amigos regresaron a Leopoldo de Alcántara.

Desde los últimos hechos, Alberto no regresó a esa localidad campestre y Rita, ya recuperada, asumió sus actividades diarias con ilusión y fortaleza. En São Paulo, después que Rita conoció a Irene, amaba aun más a Fátima y comenzó a asistir asiduamente a la institución espiritual, lo que provocó extrañeza, molestia y mucha charla en el párroco.

Sin embargo, sin la presencia de su marido, asumió plenamente las responsabilidades diarias.

Los hechos ocurridos también ayudaron a solidificar cada vez más la relación entre Sabrina y Adrián, y ambos ya estaban iniciando los preparativos de la boda.

Mientras en el mundo físico los personajes de esta historia, bajo la protección de Jesús, buscaban encontrar el equilibrio para seguir adelante, en el mundo invisible, Yara seguía cumpliendo sus malvadas promesas.

Esta vez su objetivo era doña Luísa.

Durante días, ordenó a dos sujetos trabajar sin su influencia, con el objetivo de explotar sus debilidades debidas a hábitos alimentarios irregulares.

Como resultado, el sistema cardíaco, ya sobrecargado por los excesos, era un blanco fácil para que, al combinar las cargas energéticas de la oscuridad, lo hiciera incapaz de soportarlo, provocando un infarto de miocardio.

Con esto, Yara esperaba que la muerte no le faltara y, así, doña Luísa sería recogida y llevada a su mundo oscuro, cometiendo una afrenta al benevolente equipo de Ciudad de Jade.

Saúl, uniéndose a los emisarios del bien, con gran dedicación impidió que las acciones del mal cumplieran sus objetivos contrarios al amor de Jesús.

Con mucho esfuerzo lograron fortalecer su cuerpo maltratado, lo que solo le derivó en un infarto, pero con complejas lesiones en el sistema cardíaco, que la dejaron sin vida. En el futuro, requeriría un cambio severo de hábitos y adaptaciones en su vida diaria.

Ante la situación actual de doña Luísa, y al no haber logrado sus objetivos, la furia de Yara era evidente y no escatimó acciones para castigar a sus súbditos con extrema crueldad. De esta forma, lo único que pudo hacer fue retirarse y esperar el momento adecuado para volver a actuar.

La acción de Saúl, una vez más, ofendió a Yara, quien, molesta y llena de odio, se vio derrotada, incapaz de hacer ningún gesto contra la voluntad de Dios. Para evitar que Yara se infiltrara en la UCI donde estaba doña Luísa, Saúl, respetando la ley del mérito, fortaleció la defensa y muchos guardianes del bien quedaron en alerta. Con esta fortaleza, la señora Luísa y los demás pacientes afrontarían sus pruebas individuales en el ámbito sanitario con la protección de Jesús.

Para los emisarios del bien, la labor que doña Luísa realizaba con amor en la institución espírita debía continuar, por eso, con cariño, fue sostenida por manos misericordiosas.

~ O ~

Esa tarde, Rita y Fátima estaban en la panadería cuando Ricardo llegó jadeando. Su esposa, con celo, preguntó:

– Bueno, a Dios. ¿Qué pasó?

– Estaba con Néstor entregando donaciones a personas mayores, cuando una amiga de la institución nos dijo que la señora Luísa estaba hospitalizada. Parece que ella la pasó mal y su hijo la llevó al hospital. Para sorpresa de todos, sufrió un infarto. Casi no fue devastador. Inmediatamente Néstor fue allí y me pidió que fuera a avisarles.

– ¡Dios! – dijo Rita, desesperada –. Estuve con ella hace unos días. Sabemos que nuestra amiga nunca fue de las que se quejaban, pero esa tarde dijo que no se sentía muy bien. Le recomendé que consulte a un médico y cuide sus hábitos alimenticios. Le ofrecí ayuda, pero me dijo que estaba bien y que no me preocupara – después de una breve pausa, se secó la lágrima y continuó:

– Ella es como una madre amable para mí, pero no puedo ignorar el hecho que se pasa de la raya con sus delicias. Ruego a Jesús que se recupere lo antes posible.

– Tienes que reforzar tu oración – añadió Fátima –, para que se recupere rápidamente. Confío en Jesús que ella estará bien. En la institución espiritual es muy importante. El área educativa resiste gracias a la dedicación de doña Luísa. Temo que su distancia puede tener algún impacto en el trabajo.

– ¿Podemos visitarla? – Preguntó Rita.

– Desafortunadamente, ella está en la UCI. Tendrás que esperar las instrucciones de Néstor.

~ O ~

Los días siguieron a los hechos denunciados.

Doña Luísa logró superar con dificultad su infarto y fue trasladada a su habitación, donde pudo recibir visitas.

Esa tarde, Fátima, Ricardo y Rita fueron a visitarla. Al llegar se encontraron con Néstor, quien como médico atendió a pacientes y amigos, con cariño y gran profesionalidad.

Después de los cálidos saludos, se instalaron en la pequeña habitación. Fátima, con cariño, dijo:

– Mi querida amiga, gracias al Señor, estás bien. En la institución espiritual todos oraron por tu recuperación. Nunca había visto tantas manifestaciones de amor alrededor de nadie. Se organizaron grupos para que las oraciones fueran constantes a su favor. Al final de nuestro trabajo, tu nombre siempre es recordado. Sepa que eres muy querida y ahora queremos tu recuperación lo antes posible.

– En efecto – intervino Rita – eres muy importante para nosotros y ahora necesitas estar bien, porque tu trabajo en el área de educación espiritual es muy grande y sin ti todo es más difícil.

– Son mis amores – confió Luísa, con la voz aun frágil –. En algunas situaciones, aprendemos lecciones solo cuando las experimentamos.

Nunca he tenido ninguna adicción, solo me gusta comer. Hoy me doy cuenta que mis excesos casi me llevan a la muerte. Saldré de este hospital con la misión de cambiar.

Cuento con su ayuda, porque sé que no podré hacerlo sola.

– Podemos decir que naciste de nuevo – comentó Néstor –. Espero que hayas entendido las lecciones y que comprendas que deben ocurrir cambios inmediatos en tu vida. Tendrás que fomentar la educación nutricional y cuidar un poco más tu cuerpo. No necesito hablar de tu parte espiritual, ya que esta la cuidas muy bien, no solo por ti, sino por todos los necesitados que tocan a la puerta de la institución espírita y tú los ayudas con amor.

– Amigo, soy consciente que Dios nos dio el cuerpo y tenemos que cuidarlo, así como nuestro espíritu. Tenemos responsabilidades con los préstamos que Dios nos ha dado.

– Todos los excesos correrán a nuestro cargo. Sean cuales sean, necesitamos tomar conciencia y promover un cambio interior sólido. Recordemos que ellos, los excesos, son armas poderosas para llevarnos al suicidio indirecto. Estamos vivos y debemos recordar que la vida es del Señor y a Él le daremos cuenta de lo que hemos hecho con el santuario de nuestro cuerpo.

– No tengo ninguna duda que Jesús fue benévolo conmigo – dijo la señora Luísa –. Incluso más que estudiamos Espiritismo, internalizamos las enseñanzas, y la tarea es difícil, pero no imposible. La visión imperfecta de nosotros mismos convierte nuestros días en grandes desafíos. En muchas situaciones, el freno celeste nos visita en forma de enfermedad física para advertirnos que nos estamos desviando del camino correcto. Tenemos que ser responsables con nuestro cuerpo y espíritu. Solo entonces completaremos nuestras tareas sobre el terreno, como fue planeado por Jesús.

– No te preocupes – dijo Néstor –. Estaremos a tu lado, apoyándote en lo que sea necesario.

– Ya hablé con profesionales recomendados por usted – intervino la señora Luísa –. Ya comencé la nueva cultura alimentaria, ya que no es solo una simple dieta, sino una nueva forma de vida que sé que es importante para mí.

– Tendrás nuestro apoyo – dijo Ricardo emocionado –. Solo lo siento porque perdí a mi mayor cliente en la panadería. A partir de ahora ya no tendré al amigo que compartía conmigo raciones de buñuelos de bacalao. Cuando me visites, solo nos reservaremos un rico y sabroso té.

Entre sonrisas, aquellos corazones mostraban una gran alegría al ver que doña Luísa había superado una etapa más en su vida, pues ahora solo quedaba continuar.

CAPÍTULO 17 Difícil Realidad

Ingrata Separación

> *"Nadie echa vino nuevo en odres viejos; de lo contrario, la vid reventará los hollejos, y tanto el vino como los hollejos quedarán inutilizables. Pero ¡vino nuevo en odres nuevos!"*
>
> Marcos, 2:22

Los días fueron pasando y la señora Luísa salió del hospital y, con mucho esfuerzo, hizo un gran cambio en su vida. Recuperada, volvió a sus funciones en la institución espiritual y en su vida diaria.

Mientras tanto, Rita luchaba día tras día por mantenerse ella misma y también apoyaba a su hija con problemas matrimoniales.

Después de los acontecimientos que afectaron su vida, trató de sobrevivir con dignidad y perseverar.

Esa mañana, Rita quedó sorprendida por las líneas de lo inesperado. Fue a la puerta para recibir un mensaje especial, entregado a un empleado.

Ella, sorprendida, firmó el recibo y entró a la casa, dirigiéndose a la cocina. Sentada en una silla, leyó. Sabrina, ajena a los acontecimientos, vio a su madre llorando y le preguntó:

– ¿Qué sucedió? ¿Estás bien?

– Hija, estoy desesperada – dijo Rita entre lágrimas de emoción –. Lamentablemente, tu padre está loco, aquí tienes una acción para que me presente en un foro en São Paulo para firmar el divorcio.

— ¡Ahora! Tú misma estabas decidido a tomar esta decisión. ¿No era lo que esperabas? ¿Qué pasó?

— En cuanto a la separación ya me la esperaba, pero aquí, esta es una notificación. Tendré que entregar la casa dentro de sesenta días. Nunca creí que lo solicitaría — visiblemente desesperada, Rita continuó:

— No tengo nada más que este lugar. ¿Qué será de nosotras? Mi trabajo no nos sustentará. Además, pronto te casarás y necesito ayudarte con los preparativos festivos.

— Mamá, no te preocupes, solucionaremos este problema y encontraremos el apoyo suficiente para llevar el caso de la mejor manera posible —. Sabrina continuó cariñosamente:

— Sepa que te apoyaré hasta el final, pero ahora déjame ver esos papeles.

Sabrina, aunque no entendía del todo de qué se trataba, intentó analizar los papeles sin éxito y, tiempo después, dijo:

— Busquemos al tío Ricardo. Él podría ayudarnos. Sin embargo, quiero que lleves todos los documentos que tengas.

Madre e hija se abrazaron buscando fuerzas para afrontar las dificultades que vendrían.

Rápidamente, Rita organizó los documentos que pudo y ambas se dirigieron a la residencia de Fátima en busca de apoyo. Cuando llegaron, como de costumbre, fueron recibidas con alegría y cariño.

Sin perder tiempo, Rita explicó brevemente las ocurrencias. Ricardo escuchó atentamente los hechos, pero decidió pedirle a Olavo, su abogado de confianza, que fuera a su residencia.

Atendiendo sin demora al emplazamiento de su amigo, llegó Olavo, y tras saludos se enteró de los hechos.

Analizó seriamente los papeles y dijo:

– Señora, las noticias no son las mejores. Mira, este documento es propiamente legal. Aquí es explícito que en caso de separación, usted renuncia conscientemente a todos y cada uno de los bienes, pasándolos íntegramente a su marido.

– Querida – preguntó Fátima afectuosamente – ¿recuerdas haber firmado esto?

Rita palideció. Las lágrimas no faltaron. Con vergüenza y dificultad, buscando fuerzas en sí mismo, continuó:

– Sí, lo recuerdo – buscando valor, Rita continuó –, cuando mi madre enfermó y se mudó a vivir conmigo, él, enojado, me atacó nuevamente. Entonces, después de una fuerte violencia física, Alberto me obligó a firmar unos papeles, sin decirme de qué se trataba, simplemente dijo que al hacerlo presentaría su herencia. Asustada y tratando de librarme de semejante martirio, no lo dudé, firmé sin leerlo. Sin embargo, nunca imaginé que ese sería el caso.

– Mi amigo – intervino Ricardo –, ¿qué se puede hacer ante un caso como éste?

– Desafortunadamente, poco – después de un breve suspiro, continuó –, para empeorar aun más la situación, identifiqué que la celebración de su matrimonio se constituyó bajo un régimen de separación total de bienes, lo que significa que todos los bienes actuales y futuros de la pareja seguirán siendo propiedad individual de cada uno. Esto significa que si tienes algo a tu nombre antes del matrimonio, seguirán siendo tuyas. Sin embargo, todo lo que poseen está a nombre de Alberto.

Fátima intentó en vano consolar afectuosamente a su amiga Rita, que lloraba profusamente y entre momentos decía:

– Lamentablemente vengo de una familia pobre y cuando me casé no tenía nada. Todo quedó a nombre de Alberto, incluida la casa que reclama sin piedad. Sin embargo, mi hija puede tener algunos derechos.

— Su hija ya pasó la mayoría de edad. Eso, ante la ley, lo exime de pagar una pensión, pues ella ya es plenamente capaz de mantener su subsistencia y además está a punto de casarse, pero algo podemos intentar.

Mientras tanto, el silencio rodeó a los presentes. En el rostro de Rita, la desesperación despertó la compasión. Buscando coraje, dijo:

— ¡Ay Dios! No tengo a donde ir. Ni siquiera podré pagar los honorarios del abogado. Agradezco el cariño de todos, aunque no tengo nada, créanme, no quiero nada de Alberto. Solo espero que no le haga daño a Sabrina y le dé lo que es correcto para ella. Quiero el divorcio y nada más — mirando a Sabrina, continuó —. Mi hija tampoco necesita nada, hoy tiene lo suficiente para mantenerse y pronto se casará. Que se haga la voluntad del Señor y no la mía.

Ricardo, conmovido por la situación, no dudó, acercándose a su esposa, buscando apoyo, le dijo:

— No te desesperes. Todos los costos asociados con este proceso serán mi responsabilidad. Tanto Fátima como yo nunca te abandonaremos sin un lugar donde quedarte. Tenemos aquí una pequeña casa que te bastará para reconstruirla tú misma.

— No quiero molestarte —. intervino Rita.

Ya son muy buenos conmigo y ahora va a haber mucho trabajo. ¿Cómo puedo pagar tanta amabilidad? Quiero ser útil de alguna manera y solo podré aceptar el gran gesto de amor si puedo ayudarlos con las tareas de la panadería. Ahora mismo es lo que puedo ofrecer.

— Es verdad — continuó Ricardo —. Pero si realmente quieres ayudarnos, sería completamente indispensable. Mi negocio en São

Paulo necesita atención, si no tiene nada en contra, contaremos con su apoyo.

– Si es así, lo acepto – dijo Rita, con abundantes lágrimas corriendo por sus mejillas –, gracias a Jesús por poder estar al lado de corazones tan bondadosos. Dios corresponderá y llenará sus vidas de amor y salud.

– Querida, Ricardo siempre tiene razón – dijo Fátima –. Definitivamente será un placer tenerte aquí. Pronto nuestros hijos estarán unidos por matrimonio y tú permanecerás con nosotros el tiempo que sea necesario. Sin embargo, para afrontar este difícil proceso, no te dejaré ir a São Paulo solo con Sabrina, iré a apoyarte. Alberto está loco y no permitiré que te expongas ante los verdugos. Estoy a tu lado.

La tensión del ambiente fue reemplazada por una dura blancura, trayendo a esos corazones un poco de serenidad y paz.

~ O ~

En la fecha acordada, Rita, acompañada de Sabrina, Fátima y Olavo, viajaron a São Paulo. Cuando llegaron, se dirigieron al lugar designado. En el foro, en el salón principal, Alberto, junto a dos abogados, se mantuvo imponente, demostrando soberbia y altanería.

Rita, tímida y asustada, entró a la sala de audiencias y se sentó junto a Olavo. Mientras tanto, Sabrina y Fátima esperaban ansiosas el final de aquella audiencia.

Luego de la defensa de los abogados de Alberto, Olavo debidamente alineado con Rita, representándola, dijo:

– Excelencia, mi clienta acepta los términos de la separación y sin objeciones, solo quiere que el divorcio se otorgue dentro de los estándares legales.

Los colegas de Olavo estaban perplejos. No se atrevían a contradecir al abogado de la otra parte, firmaron los papeles, poniendo fin a un ciclo en la vida de ese sufriente personaje.

Sin demora, todos abandonaron la habitación en completo orden. Rita, aliviada, abrazó a su hija en busca de apoyo y luego, Fátima, al darse cuenta de la tensión del momento, ella apoyó el brazo de su amado amigo y mientras caminaban hacia la salida, se sorprendieron.

Mientras tanto, una joven cercana a la edad de Sabrina y con una belleza indescriptible entró a la habitación.

Alberto al verla la abrazó cálidamente y luego ella repitió el afectuoso gesto.

Olavo, al darse cuenta de la difícil situación en la que se encontraban esas mujeres, a pesar de sentirse avergonzadas, dijo:

– No sé cómo decírtelo, pero estuve con mis compañeros cerrando unas dudas relacionadas al proceso y me dijeron que Alberto sigue en pareja con esta joven. Dicen que es conocido por sus relaciones con mujeres muy jóvenes.

– ¿Qué estás diciendo? – interrumpió Sabrina, insatisfecha –. Perdóname, pero estás equivocado.

– Lamentablemente no lo estoy – dijo Olavo –. Dijeron que tiene muchas relaciones llenas de refinamiento y riqueza, mantenidas durante el período de matrimonio con mi cliente, tu madre.

Rita no ocultó su sorpresa, mientras Fátima abrazaba cariñosamente a su amiga.

Sabrina, insatisfecha, escuchó esas palabras y, de repente, no pudo contener las ganas. Acercándose a su padre, fuera de control, le dijo:

– ¿Cómo puedes hacernos esto a mamá y a mí? Nunca hubiera imaginado que haría algo así.

Nos quitaste todo y no nos dejaste nada, ni siquiera una casa para vivir. Cuanto egoísmo, eres tú quien siempre ha demostrado que eres un padre irreprochable.

– Dejaste de ser mi hija cuando decidiste casarte con Adrián y seguir los pasos de tu madre.

Rita se acercó y le lanzó una mirada complaciente a Alberto, tratando de calmar esos corazones intervino:

– Hija, ¡vámonos! Deja eso de lado. Lo importante es que estemos bien y sanas. Dios no nos ha abandonado y ahora tenemos que empezar de nuevo y perdonar. Ojalá el Señor tenga misericordia de ti Alberto y algún día puedas darte cuenta de lo malo que puede ser el mal y alejarte de quienes un día te amaron, no por lo que tienes, sino por lo que eres, como un hijo de Dios.

– No me digas esas habituales palabras amables – espetó Alberto, con los ojos enrojecidos –. No me interesa saber nada de Dios, porque nunca creí en su existencia, soy ateo.

Antes que estallara un motín en el lugar, Rita le quitó a su hija a su padre. Alberto, sin piedad, ignoró a su hija y a Rita, demostrando cariño y dedicación a la joven presente.

Olavo se despidió respetuosamente de aquellas mujeres. Mientras esperaban un taxi, Sabrina, entre abundantes lágrimas, dijo:

– Mamá, ¿cómo puedes perdonarlo después de lo que hiciste por nosotros? Mantuvo muchas relaciones mientras aun estaba casado y nos obligó a mantener una familia aparentemente perfecta, pero actuó con vehemente violencia. Además, nos castiga sin piedad. No entiendo y no podré aceptar todo esto.

– Sabrina, querida, no podemos cambiar el pasado, pero podemos reescribir la historia de nuestras vidas – Rita secándose una tímida lágrima, continuó:

La violencia pudo haber marcado mi cuerpo, pero no fue capaz de alterar mi esencia y mi espíritu. La traición puede haber herido mi corazón, pero no me quitó la capacidad de amar. Nada es más grande que la oportunidad que Jesús nos dio, la libertad.

El perdón es un bálsamo que calma mi alma, aun ante tanta necedad, ahora pido a Dios que lo bendiga y que la joven que ahora ocupa el pan de su compañero, no sufra lo que yo sufrí y que él continúe siendo el padre maravilloso que una vez estuvo contigo. Por eso, hija, si no somos capaces de comprender todo lo sucedido, dejemos nuestra vida en las manos de Dios y sigamos adelante.

– Mamá – preguntó Sabrina – ¿cómo puedo aceptar todo esto? ¿Cómo no sentirme traicionada por mi propio padre que ahora me repudia? Peor aun, tiene una relación con una mujer de mi edad.

Fátima con cariño, buscando calmar el corazón de la joven, dijo:

– Tu madre tiene razón en cuanto a perdonar y olvidar. Hay hechos que desconocemos el origen o no tenemos madurez para conocerlos, por lo que lo mejor es aceptar y seguir adelante. Cuando nos sentimos agotados por el sufrimiento, debemos recordar a Jesús que nunca se rindió con nosotros. Bajo un mismo techo se organizan vidas que Dios designa para vivir experiencias para ajustar el pasado y perfeccionar el presente. En algunos matrimonios establecen una unión basada en compromisos de amor, pero también algunos, gravemente afectados por errores del pasado, quieren un reajuste. De esta manera, muchos aires se establecen bajo el sufrimiento fundamento del desequilibrio, los conflictos, los desacuerdos y el odio.

La reencarnación – prosiguió Fátima – trae la luz, la certeza que estamos unidos a quienes nos rodean, porque Dios sabiamente nos dio la oportunidad de reparar lo que éramos. Esto no excluye la necesidad de paciencia y amor, ya que el hogar es una escuela eterna que siempre enseña que debemos evolucionar y comprender, además de seguir adelante. Sin embargo, el hogar que debería ser una escuela bendecida muchas veces, por el arduo peso de un pasado desconocido, de los vicios y de la intolerancia, se torna en muerte y locura. Además, tengamos fe y creamos que el Señor ha promovido lo mejor para todos nosotros.

– Entonces – interrumpió Sabrina – mi padre interrumpió el ciclo de la historia entre él y mi madre. ¿Qué dice el Espiritismo sobre el divorcio?[22]

– No conocemos la voluntad de Dios – dijo Fátima –. No debemos separar lo que Él ha unido, pero el Señor conoce nuestras debilidades y virtudes. El Espiritismo explica que no hay unión por casualidad, por lo tanto, no hay matrimonios aleatorios, no debemos facilitar ni fomentar el divorcio, ya que el matrimonio es una escuela de regeneración. Sin embargo, Dios entiende que muchas parejas están unidas por el magnetismo de la reparación pasada, manifestando sentimientos latentes en las aflicciones actuales.

Así, en algunas situaciones, la separación es una medida de preservación entre seres. En estos casos, permanecer juntos interrumpiría inevitablemente la vida y acabaría en la morgue, como medida extrema para evitar el suicidio y el homicidio, garantizando la continuidad evolutiva de los seres.

– Hija, eres joven y pronto formarás una familia – dijo Rita –. Comienza tu historia bajo los benditos fundamentos de la fe y la instrucción, porque así podrás triunfar y encontrar la fuerza para mantener lo que Jesús unió: tú y Adrián.

Mientras tanto, en el mundo invisible, Adelina, con odio inminente, se mantuvo en constante trabajo para enganchar la

---

[22] Nota de la médium: KARDEC, Allan. *El Evangelio según el Espiritismo*. Federación Brasileña de Espíritu (FEB). Río de Janeiro: 1996 – Capítulo XXII– No separarás lo que Dios ha unido– Ítem 5.

mente de Alberto y éste recibió, sin restricciones, tan oscura influencia.

El equipo de Saúl, involucrando los corazones de aquellas mujeres, reforzó la instrucción, bañándolas con una luz azul que calmó sus mentes y alimentó sus vidas de esperanza.

CAPÍTULO 18 La Historia de Clara

"¡Cuidado con lo que escuchas! Con la medida con la que midas se medirá para vos, y se le agregarán aun más. Porque al que tiene se le dará y al que no tiene, aun lo que tiene se le quitará."

Marcos, 4:24– 25

Los días siguieron.

Luego de los incidentes denunciados, Alberto fijó su residencia permanente en São Paulo y se instaló en su cómodo y lujoso departamento.

Su vida de lujo se consolidó más y no ocultó las diversas relaciones temporales con jóvenes soñadoras, que representaban para él una especie de trofeo, que estaba orgulloso de presentar en los distintos círculos de su entorno social.

No pasó mucho tiempo para que el gasto abusivo resultara en exposición profesional, además de la falta de control financiero que ya era visible.

Esa noche, en un conocido y muy popular bar, Alberto, sentado en una mesa aislada, en un lugar con poco movimiento, esperaba la llegada de Clara. Una joven, que en ese momento tenía poco más de veinte años, vivía con su madre, doña Elisa, en un barrio remoto de las afueras de São Paulo.

Con mucho sacrificio de su madre y de ella misma, Clara logró ingresar a la universidad. Durante el día trabajaba y por la noche estudiaba su segundo año de enfermería. Para Alberto, Clara fue como las demás, otro romance pasajero y sin importancia. Al verla, inmediatamente la saludó, mostrándole gran intimidad y cariño.

Luego de los cálidos saludos, Alberto dijo:

– Estaba muy preocupado porque tu teléfono decía que necesitaba hablar conmigo urgentemente. Ya te dije que no quiero que nadie nos vea juntos.

– Sí, necesito hablar contigo de un asunto muy importante – Clara, secándose el sudor de la frente, continuó –. Estoy esperando a tu hijo.

Alberto inmediatamente cambió de postura, antes coqueta, ahora visiblemente feroz:

– Está loca. Este niño no es mío – mintió Alberto, continuó:

– Además, ¿cómo puedo tener un hijo solo si en el pasado me hice una vasectomía? Ustedes las universitarias salen con muchos jóvenes y puede ser que por descuido sucediera lo inesperado.

– Juro que no salgo con nadie más, solo contigo. Créelo es tu hijo.

Alberto, sin medir las consecuencias, le dio una bofetada en la cara. Ella, entre lágrimas, no pudo decir una sola palabra. Se dio cuenta de lo que había hecho y temió que ella armara un escándalo, se calmó y entabló con ella una conversación seductora:

– Eres muy joven, entonces hay una solución para ti. Como soy un hombre bueno y justo, te ayudaré. Hazte un aborto, para que tu vida no se vea interrumpida por un embarazo inesperado. Te ofrezco dinero para ayudarte con los costos.

Ella, envuelta por la voluptuosidad y la necedad, creyó en aquella conversación que fue rápidamente interrumpida por Alberto, quien se despidió entre excusas sobre compromisos impostergables.

Los días fueron pasando y Clara intentó en vano encontrar a Alberto quien, astutamente, cortó todos los posibles medios de contacto que hubieran podido hacer que Clara lo localizara.

Entonces, sin Alberto, a Clara lo único que le quedaba era volver a su vida diaria y buscar el apoyo de su amiga.

El buen corazón de tu madre.

~ O ~

Aquella mañana de domingo, Clara, visiblemente abatida tras haber sufrido un fuerte ataque de estómago, desesperada y triste, fue silenciosamente a ayudar a su madre en las tareas del hogar. Doña Elisa, al ver que algo no andaba bien, preguntó:

– Hija, me doy cuenta que desde la semana pasada no te encuentras bien. Siento que algo está atormentando tu mente. Vamos, dime: ¿qué está pasando?

– Mamá, estoy bien, no te preocupes. Solo me siento mal, debo haber comido algo que no me hicieron ningún bien – dijo Clara, tratando de ocultarlo.

– No me ocultes nada. Siempre he estado a tu lado, eres todo para mí, mi orgullo desde entonces. Fuiste a la universidad porque mi sueño de verte graduarte finalmente se hizo realidad. Vamos, hija, créeme: ¿qué está pasando?

En ese momento, Clara, avergonzada y desesperada, se sentó en una silla de la cocina sin ocultar las lágrimas. Luego de una larga pausa, entre sollozos y un llanto amargo, reveló:

– Mamá, estoy esperando un hijo.

Doña Elisa guardó silencio. Buscando un vaso de agua para calmar su corazón, se puso las manos en la cabeza y dijo:

– ¡Dios mío! ¿Qué dices? ¿Cómo puede suceder esto?

– En la universidad conocí a dos mujeres jóvenes de familias ricas. Eran asistentes habituales a fiestas de ejecutivos, hombres que trabajan en empresas y siempre van a estos lugares a divertirse. Me dijeron que allí podrían conocer a un hombre rico y de esa manera él podría apoyarlas en una vida llena de refinamiento y lujo – llorando y avergonzada, Clara continuó:

– Perdónenme, porque ni siquiera recibí esa educación de basura, entonces creí lo que me dijeron. Pensé en nuestro sacrificio diario y soñé con una vida mejor. Imaginé que si frecuentaba esos lugares, que solían frecuentar, podría conocer a alguien bien posicionado en la vida. Tal vez incluso me casaría con él.

– Hija – intervino doña Elisa –, siempre te enseñé que nada en la vida es fácil para nuestros hijos. Si viene, créanme, pronto se irá. Necesitamos trabajar duro, solo así podremos lograr cosas materiales con dignidad.

– Entonces comencé a ir a fiestas semanalmente. No fuimos a la universidad, nos escapamos y pasamos la noche divirtiéndonos. Mis amigas salían mucho y me presentaron a Alberto, un hombre muy coqueto y de discurso muy convincente. Le creí. Me entregué ciegamente a una pasión que, en el fondo, sabía que no tendría futuro, pues descubrí que él estaba casado y no se separaría porque sí.

– No puedo creer que te hayas dejado influenciar por tus amigas – dijo doña Elisa, visiblemente nerviosa –. Me pareció extraño que dijeras que trabajar en el hospital te obligaba a hacer turnos abusivos, pero era mentira. Ahora tenemos que buscarlo para denunciar el incidente.

– Lamentablemente estuve con él hace unos días. No fue un encuentro agradable. Después de mucha discusión, cuando denuncié el embarazo me dijo que debía abortar, no buscarlo más, porque afirmó que el niño no era suyo – En una breve pausa, debido al llanto convulsivo, Clara continuó:

– Dijo que se había hecho una vasectomía y que no podría tener más hijos, pero que aun así me ayudaría con los asuntos económicos relacionados con los procedimientos médicos.

– No puedo creer que la hija que crie hable así – dijo doña Elisa, poco convencida.

– Fui tras él, pero desapareció. Para colmo, solo sé su nombre y que es de una ciudad del interior llamada Leopoldo de Alcántara, lo que dificulta encontrarlo, porque cuando nos veíamos siempre se encargaba de llevarme a lugares lujosos y nunca en su domicilio. Busqué a mis dos amigas, pero cuando escucharon la historia desaparecieron – desesperada, Clara continuó:

– Mamá, solo hay una solución. Aborto. La idea fue de Alberto y me ofreció el dinero para ayudarme con los gastos. Desafortunadamente, intenté localizarlo sin cesar, pero desapareció.

Doña Elisa, que hasta entonces había estado tratando de mantener la calma, se levantó y dijo con firmeza:

– No te atrevas a decir que abortarás, eso nunca lo permitiré. Me casé muy joven y pronto quedé embarazada de ti. No esperaba que tu padre muriera tan pronto en ese accidente. Sin embargo, con fe en Jesús, te levanté sola, con mucho sacrificio, y no me arrepiento. Aceptarás a tu hijo con gran dignidad.

– Mamá, ¿qué pasa con mi universidad? ¿Qué voy a hacer?

Clara quería saber desesperadamente.

– Asumirás la responsabilidad de tus acciones. Además deberías pensarlo antes de involucrarte con un hombre así, casado y con mal carácter.

– Mira nuestra condición – dijo Clara angustiada –. Vivimos una vida limitada, con recursos básicos para sobrevivir. Un niño requerirá muchos cuidados y supondrá gastos que ni siquiera sabemos si lo soportaremos. Además, mi salud fluctúa día a día y ni siquiera sé si podré soportar tener un hijo.

– Ahora no puedo hacer nada si no acepto mi situación, aunque todos estos hechos han corrompido mi corazón, porque no había soñado esto para ti. Si Dios puso a este niño aquí, no fue por casualidad – preocupada, continuó la señora Elisa:

– Mañana irás al médico y comenzará el seguimiento necesario para que a este niño no le falte de nada y estés sana en cuerpo y mente para criar a su hijo.

Esos corazones permanecieron por algún tiempo en profunda conversación, tratando de ajustar el futuro. Poco después Clara salió a hacer compras, mientras doña Elisa, sola en su casa, planchaba su ropa sin ocultar las lágrimas que caían de sus mejillas.

Mientras tanto, en el mundo invisible, Felipe, bajo las órdenes de Saúl, derramó sobre aquella mujer una luz dorada que reflejaba una fuerte e inexplicable emoción en su corazón.

Sin darse cuenta de lo que estaba pasando, se limitó a orar sola y en voz alta:

– "Señor, perdóname este momento de debilidad. Perdóname también el odio que sentí por un hombre que no aceptó sus acciones en la vida.

Te pido que guardes en tu corazón misericordioso a mi hija y al niño que lleva en su vientre. Ese no era el sueño que tenía para ella, pero este es el plan que el Señor tiene para ambas.

Dame fuerza en mis piernas y brazos para trabajar y criar a este niño rechazado por un padre que ni siquiera sé quién es. Que este hombre sea entregado a Tus manos y pueda algún día comprender sus actitudes y ser conscientes que Tus leyes celestiales prevalecen por encima de nuestra voluntad.

No sé si será mañana, pero temo por ella. No sé si estaré aquí para darle a mi hija la fuerza para que sea la madre que este niño necesitará.

Permítanme entender lo que está pasando ahora; soñé para mi hija que se graduaría de la universidad, que se casaría y tendría una pareja a su lado como yo no pude tener y una vida que reflejara felicidad. Sin embargo, hubo esta desviación en la dirección de mis sueños, pero lo único que puedo hacer es aceptar y comprender que el camino ahora es este, el que nos lleva a tu corazón complaciente.

No pido riquezas, sino solo lo necesario para que podamos tener una vida digna y honesta dentro de todo lo que aprendí de las experiencias cotidianas, pero, sobre todo, que la fe fuera la fuente renovadora de mi corazón. Nada me falta, Señor, ya tuve suficiente y así continuaremos, dentro de Tu voluntad y en Tus manos llenas de compasión.

Ilumina nuestros días y te prometo que este niño nacerá y vivirá con sencillez, pero sin olvidar nunca que por encima de cualquier sufrimiento o desesperación, Tú Señor velas por todos nosotros."

Así, la sencilla residencia quedó cubierta por una inexplicable serenidad, mientras los emisarios del bien no abandonaban ese corazón que suplicaba en ese momento un poco de coraje y paz para seguir adelante.

~ O ~

Yara observó la conducta de los emisarios del bien en ese caso sin poder actuar, debido a esa actitud de amor demostrada por doña Elisa y los emisarios del bien, que neutralizaron la acción maligna y destructiva.

Adelina, mirando fríamente a Yara, confesó:

– Mi señora, no se puede hacer nada. La madre de Clara es muy protectora y su fe es inquebrantable. Aunque emanaba pensamientos de miedo por el mañana, de odio contra Alberto, todo fue inútil. Influenciada por los iluminados.

– Desafortunadamente, eres una inútil – le gritó Yara, llena de odio –. Clara es una tonta, casi una presa fácil para mí, pero no contaba con la fe de doña Elisa. No puedo discutirlo, porque ella demostró una fuerza insuperable. No sé quién está por nacer, pero quiero que este embarazo se interrumpa a toda costa. Siento que este niño podría ser una amenaza para mí y mi mundo.

– Fortaleceré la influencia de Clara – le prometió Adelina –. Su enfermedad genética será el medio para que podamos debilitarla tanto como sea necesario para dificultar el embarazo. Hazlo lo antes posible – continuó Yara –. Ahora Saúl ha ido demasiado lejos. Tengo que actuar rápido. Basta de promesas, reforzaré la guerra contra él lo antes posible. No tengo dudas que sucumbiría a la oscuridad y a mis designios. Por ahora él ha ganado una batalla, pero yo ganaré la guerra. Sin decir una sola palabra, Yara y sus amigas se marcharon y aunque estaban descontentas, llevaban en sus mentes oscuras el eterno pensamiento de venganza contra la luz.

Mientras tanto, en el mundo invisible, los bienhechores seguían repartiendo serenidad al ambiente físico y paz a ese corazón materno.

CAPÍTULO 19 Iluminado encuentro. Definición de la Ruta

"Pero hay quienes fueron sembrados en buena tierra: estos oyen la Palabra, la aceptan y dan fruto, unos treinta, unos sesenta, unos cien."

Marcos, 4:20

Luego de los hechos reportados, los emisarios del bien regresaron a la Ciudad de Jade y se dirigieron a la sala de conferencias, lugar donde se reúnen los líderes de esa ciudad espiritual para tomar decisiones sobre los casos que allí se llevaban bajo las órdenes de Jesús.

El ministro Ferdinand, unido en el corazón de su gran sabiduría y confianza, esperaba la llegada de invitados especiales, eran Débora y Ambrosio.

Débora llegó primero y se sentó en un cómodo asiento. Radiante, sublime luz azulada en expansión, decía:

– Amigo eterno Saúl, siempre bondadoso con los demás, repartiendo amor y sirviendo con desprendimiento en el nombre del Señor. Estoy eternamente agradecida a los ministros de Jade por confiar esta misión en sus manos. Esta difícil tarea no podría abordarse mejor.

– Señora – dijo Saúl con humildad –. No soy digno de recibir su agradecimiento, acabo de recibir este trabajo con mucho respeto y tanto yo como mi equipo hacemos lo mejor que podemos con el conocimiento que tenemos. Además es en el nombre de Jesús que dedicamos nuestra vida y para todo aquel que necesite apoyo, aquí estaremos sirviendo.

– También te agradezco que hayas detenido la furia de Alberto – secándose una tímida lágrima, Débora continuó:

– Pero estoy aquí para confirmar la voluntad de nuestro amado Señor Jesús. Ha llegado el momento de actuar más objetivamente para contener las acciones de Yara y, en consecuencia, las alucinaciones de Adelina y, dirigir estos corazones hacia la luz, rompiendo el imperio de oscuridad mantenido por ella y acogiendo a esos seres enfermos, aquellos que sirven a Yara en un completo estado de servidumbre. Ruego a Jesús que estos hijos de Dios, temporalmente alejados de la luz, encuentren el camino de la liberación.

– Lamentablemente – intervino Ambrosio –, Yara se ha nutrido de las fuerzas sexuales de la Tierra y cada día se vuelve más fuerte. Esto le proporciona un escenario favorable para actuar con tan oscura intensidad. Además, los ataques de las sombras contra la Ciudad de Jade han comenzado y debemos actuar con precisión.

Felipe, preocupado pero respetuoso, intervino:

– ¡Teo por el mañana! En sucesos recientes que vimos, fuimos testigos de la fuerza de la influencia de Yara, que, a través de Adelina, llevó a Roberta a morir.

La expresión de Felipe, siempre serena, era tensa, aun así, continuó:

– Siento que de todas las incursiones que hicimos para rescatar éste, y de todas las amenazas que nos hizo, ahora se ha armado definitivamente contra la Ciudad de Jade.

Además, Yara desarrolló herramientas inteligentes en su mundo, lo que la convirtió en una mujer fuerte, temida y una líder poderosa. Utiliza la belleza y la seducción como armas a su favor. Durante todos estos años fijó su mente en Alberto, estableciendo un proceso de persecución, simbiosis y vampirismo – suspirando, Felipe continuó:

¿Cómo pudo tener una fuerza tan grande?

– Entiendo tus preocupaciones – dijo Saúl –, porque compartimos los mismos temores, pero debemos confiar en Jesús. Seamos pacientes, vigilantes e inteligentes para saber actuar oportunamente. Ante sentimientos de derrota, debemos confiar en el Señor, porque es por Él, por nuestros amigos y por Jade que estamos aquí.

Recordemos siempre que la luz, por pequeña que sea, vence a la oscuridad más poderosa. Nos mantenemos firmes lo antes posible para adaptar la estrategia de esta misión de rescate y atravesar esta zona de oscuridad.

– Haré lo que sea necesario – prometió Felipe, sin atreverse a contradecir a su amigo –, pero necesitamos reenfocar el espíritu de amor enseñado en el Evangelio y transferirlo a esos corazones despiadados.

Débora, con un amor desbordante, como una madre bondadosa que enseña a un niño, intervino:

– Queridos amigos, sepan que el mundo creado por Yara no puede seguir actuando de esta manera. Contamos con la sabiduría de los habitantes de Jade para hacer que la oscuridad se disipe y en lugar de ese triste y repugnante *Un mundo para nosotros dos*, florezca la luz. Por eso, unamos fuerzas y lideremos este triste escenario para que cambie para mejor, como reconocemos, así como apoyamos todo lo que han hecho hasta ahora para sacar a Yara a la luz y liberar a Adelina de ese triste cuadro mental de persecución y odio.

– Yara está firme en ejecutar un plan oscuro – dijo Ambrosio –, donde abrió puertas en el campo de las adicciones y pensamientos desenfrenados, perturbaciones y angustias, provocando muchos abismos de dolor, compromisos y, sobre todo, sufrimientos indescriptibles.

Para nuestra tristeza y preocupación, se organizó de manera muy inteligente utilizando las vibraciones de los encarnados. Son víctimas de sí mismos en el ámbito de la sexualidad y de las adicciones centradas en la materia, lo que les facilita la sintonización con las sombras, que pueden durar un minuto o incluso milenios.

Todos los problemas que rodean a Yara y Adelina – intervino Débora... – son de carácter mental. Ambas tienen la mente llena de odio y egoísmo debido a una severa fijación y obsesión por los amores del pasado que las llevó a cometer locuras y actos malvados, sembrando sus angustias y frustraciones en muchos corazones.

Con expresión preocupada, Débora pacientemente y temerosa, continuó:

– Cuento con el apoyo de todos. Porque en las más altas esferas se deliberaba sobre el fin de este *Un mundo para nosotros dos*, pero el tema requiere cautela. Nos enfrentamos a mentes inteligentes, adictas al sexo descontrolado y a hábitos inferiores que necesitan corrección.

Los mayores atenuantes que tenemos en este momento son aquellos encarnados que están en el terreno y que ya se han convertido al Espiritismo. Han reforzado su vigilancia y por este canal nos unimos a sus corazones. De esta manera, estamos juntos y apoyados por Jesús para hacer prevalecer la luz ante las necedades de Yara y Adelina.

Antônio, con visible preocupación, preguntó:

– ¿Podremos ganar esta batalla? Lamentablemente, Alberto está en la misma vibración que Adelina. Vuestra conducta en la vida dificulta cualquier acción de buena naturaleza. Lo siento, pero también tengo miedo por lo de mañana. Llevo mucho tiempo siguiendo este caso y parece no tener fin. Trabajo duro, pero cada paso que damos Yara parece más poderosa. Perdóname Saúl, pero a veces me sorprendo pensando si no deberíamos dedicarnos a alguien que lo merezca.

– Entiendo tu indignación – dijo Saúl pacientemente –, pero no podemos rendirnos. Todos son dignos ante Dios. Estamos aquí en el nombre de Jesús y eso nos basta. Por tanto, estemos atentos para que las debilidades no lleven nuestros pensamientos a la oscuridad.

Mientras tanto, la cándida figura de un emisario celestial irrumpió en la habitación. Fue Ambrosio quien con voz aterciopelada y semblante sereno e iluminado, intervino:

– Mi enhorabuena a todos, como ya lo había confirmado con Débora, no estaría ausente en esta situación. Para eso estoy aquí para ayudar.

– Amigo eterno – dijo Débora –, tu presencia llena nuestros corazones de aliento y amor. Y ha llegado el momento de romper este círculo de sombras. Pedí tu ayuda porque hemos llegado al momento final y tenemos fe en que Yara despertará y para eso tenemos que empezar a planificar las reencarnaciones que la sustentarán a ella y a su nacimiento en el futuro y el de Adelina para reiniciar sus historias. Para que todos lo sepan, el propio Ambrosio se puso a disposición para abandonar nuestro mundo y regresar a la Tierra.

– ¿Cómo podemos dejar nuestro mundo para afrontar una nueva reencarnación? Correr el riesgo de desviarse de los propósitos de la propia existencia, sucumbiendo potencialmente a las heridas humanas – dijo Antônio asombrado.

Ambrosio comprendió pacientemente la observación de Antônio y con respeto dijo:

– ¡Amado! Haría cualquier cosa para que esta zona de oscuridad sea rota y la luz prevalezca.

– Sin embargo, su petición de regresar al campo no fue aceptada por los equipos mayores – dijo Débora.

Creemos importante tener a alguien encarnado que lleve a cabo la tarea de concebir la nueva encarnación prevista para Yara, pero tenemos que mantener mucha vigilancia para que no haya nuevos desvíos y para que ella no pierda la oportunidad de esta nueva vida.

Ambrosio intervino tranquilamente:

– Tercio, mi querido hermano, con quien se me presentó una gran convivencia en aquella existencia, donde tuvimos el honor de asistir a las enseñanzas del apóstol Marcos y con quien fui testigo de las alucinaciones de Yara, ofrecieron regresar a la Tierra para, en el futuro, ser el padre de Yara. Yo me había propuesto esto, pero respeto las definiciones de las esferas superiores y permaneceré aquí, ayudándoles a cumplir los propósitos de Dios.

– En este momento – añadió Saúl – ya se encuentra en proceso de embarazo. Con la sabiduría del Todopoderoso, la joven Clara será su madre temporal, ya que a ella y a doña Elisa les confiamos esta misión.

– Amigos – dijo Ambrosio –, Yara está enferma, pero confiamos en Dios que pronto despertará de esta pesadilla que creó a su alrededor. En ese momento, estaremos listos para darles la bienvenida a otra encarnación y apoyarlos en la compleja misión de la regeneración. Después de todo, este caso implica mucho tiempo en la oscuridad.

En esta fugaz vida en el cuerpo físico, tendrá la oportunidad de rehacer su cuerpo espiritual, tan dañado por la locura creada para ella. Con algunas limitaciones físicas, puede aprender a calmar su espíritu inquieto. Esta restricción, en este caso, no representa ningún castigo, sino más bien un proceso de sanación para tu espíritu. Por lo tanto, permaneceremos aquí para brindar toda la ayuda necesaria.

– Para que esto sea posible – prosiguió Ambrosio – tendrá un padre dócil en la figura de mi hermano Tercio que regresa a la Tierra para esta misión. Confío que desde aquí podré apoyarlos en este camino de renovación, que creo se dará con el compromiso de todos nosotros. Estamos preparados para el futuro, pero necesitamos que todos cambien hoy y preparen un mañana mejor.

– Para lograr victoriosamente nuestros objetivos – dijo Saúl – ha llegado el momento de combatir el corazón salvaje de Yara, para que pueda recibir el tratamiento necesario para la nueva oportunidad que se le ha concedido.

Fernando, bañado en sabiduría y paciencia, intervino:

– Amigos, Jesús ganó esta batalla e hiló en sus corazones llenos de misericordia. No ignoro el gobierno soberano al que estamos subordinados, que dirige esta misión a la luz. No podemos olvidar que somos hijos de nuestras propias actitudes y debemos responder por ellas en el tiempo de Dios, que tiene sus leyes.

Sin embargo, no desprecien el poder interior que habita en cada uno de nosotros: la esencia de Dios que conduce nuestra existencia a la liberación de condiciones inferiores. El Señor no nos ha abandonado ni abandonará a ninguno de Sus hijos que actúen de tal manera contraria a la Ley Divina y está temporalmente aprisionado en la alucinación del propio yo o del egoísmo.

Después de una breve pausa, Ferdinand continuó:

– El hombre es esclavo de las heridas de su mente y muchas veces huye de la realidad de su existencia, ahondando en lo más profundo de las causas inferiores de la vida, buscando en los placeres la razón para seguir viviendo. En estas fugas establecen compromisos con muchos corazones, a veces para bien, a veces para mal. Definimos una nueva estrategia para frenar las acciones de Yara y sus seguidores. Recordemos que unidos por el amor celestial encontraremos la victoria.

Ferdinand suspiró y cerró los ojos. Expandiéndose en una luz grandiosa, brilló entre los colores azules y dorados que esculpieron y resaltaron una imagen serena, acogedora y paternal. Con la fuerza de Dios actuando en su corazón oró:

– "Señor, en misericordia, ayúdanos a cambiar nuestras imperfecciones.

Amplía nuestra razón y comprensión de nosotros mismos.

Concédenos la calma para comprender tus leyes y el nuevo rumbo.

Danos silencio en lugar de quejas y ayuda a la Humanidad a honrar el egoísmo y el orgullo, sin quejas ni amarguras, sin señalar las faltas de los demás, ya que son un reflejo de nosotros mismos.

Enséñanos a mirar a los demás como a un maestro diferente, porque son ellos quienes, a través de pruebas y expiaciones, nos elevan a los cielos más cercanos a su bondad.

Danos la suficiente sabiduría para que en cada página de nuestra vida, los estudios que experimentemos sean vínculos eternos de amor.

Enséñanos, Señor, a cultivar un corazón sano.

Nuestra mente no está sana, limpia de todos los males en los que la tristeza, la ira y el odio provocan opresión y ejercicio.

Danos la paz para que no luchemos por ideales vacíos, sino que ejemplifiquemos la renovación del cristianismo con serenidad.

Muéstranos el camino a seguir, pero concédenos la fuerza para seguir sin quejas ni inacción.

Finalmente, rogamos paciencia, para comprender que la diferencia también nos eleva, si actuamos con amor y sin prejuicios. Somos conscientes que cada uno de vuestros hijos cambia en el momento adecuado, a su propio tiempo, respetando sus deseos y no los nuestros."

Rodeados de intenso amor y misericordia, aquellos corazones fortalecieron su fe y continuaron revisando acciones futuras para distribuir tareas con el fin de buscar la victoria.

CAPÍTULO 20 Preparación para enfrentar a Yara

"Y lo que os digo a vosotros, se lo digo a todos: ¡vigilad!"

Marcos, 13:37

Tras los hechos denunciados, Alberto, tras la separación, se sumergió en una vida de lujos que lo llevó a la clara decadencia financiera. Excesos y la intensidad de las fiestas nocturnas no tardó en involucrarlo en el juego, complicando aun más su compromiso financiero. El declive profesional era evidente. Incapaz de cumplir sus compromisos, fue removido del cargo de confianza que ocupaba en el directorio de la empresa. En esos días solo estaba esperando el momento en que sería liberado, lo que sucedería en los próximos días.

De manera alocada, su patrimonio quedó ligado a innumerables deudas y, poco a poco, vio cómo su riqueza desaparecía sin control ante sus ojos. Ayer Alberto era un ejecutivo de renombre, hoy era solo un hombre en clara decadencia.

Esa noche, Alberto, desesperado, concertó una reunión con su amigo Claudio en una discoteca que solía frecuentar.

Luego de los saludos, inmediatamente dijo:

– Sabes que mi situación no es la mejor. Estoy desesperado, esta semana me despidieron. Ahora, muchos hombres a quienes debo una enorme cantidad, me exigen sin piedad – secándose el sudor de la frente, continuó –. Necesito dinero otra vez.

– ¿Cómo puedes endeudarte así? De esta manera, mis reservas financieras también se agotarán. Confieso que encontré una manera de ganar mucho dinero con procedimientos de aborto, pero eres imprudente y no me llevarás a la quiebra.

– Somos socios de la clínica, ahora necesito deshacerme de esta propiedad para saldar una deuda. Además necesito esa cantidad porque estoy arruinado – dijo Alberto, presentando una letra de un valor enorme.

– ¿Qué hiciste con las propiedades que tenías? ¿De la casa que le confiscaste a Rita y sus inversiones?

– Confieso que lo perdí todo. Aposté a las carreras de caballos y las noches festivas fueron el motivo de mi declive.

– Estás alucinando – dijo Claudio –. No te atrevas a decir que venderás la propiedad, ya que yo no tengo nada que ver con tus tonterías y las deudas que has contraído a causa de tu locura. No permitiré que obstaculices mi ascensión. Ahora que mi negocio va fluyendo, no voy a perderlo todo por tu culpa. Ya no mantendré tus vicios.

- Ahora, ¿cómo puedes hablarme así? ¿Cómo puedes abandonarme en un momento como este? Yo fui quien te dio poder, posición social y mucho dinero. La clínica solo existe porque la propiedad me pertenece. No te atrevas a negarme algo, porque te denunciaré sin piedad por los oscuros actos realizados en ese lugar. Recuerda que el aborto es ilegal y basta con una denuncia, combinada con las pruebas que tengo, para destruirte hasta el punto de convertirte en solo un recuerdo.

Claudio no pudo ocultar su descontento. Visiblemente incómodo con esa situación, no la afrontó.

Tratando de ganar tiempo, disimuló:

- Veré qué puedo hacer para ayudarte. Ve mañana a la clínica y te daré lo que quieres.

Enojado, Claudio se retiró, mientras Alberto permaneció en la barra, buscando refugio en las bebidas para su amargura.

~ O ~

La noche siguiente, según lo acordado, Claudio, nervioso, esperó la llegada de Alberto en su lujosa clínica.

Mientras tanto, en el mundo invisible, el ambiente de aquel lugar oscuro estaba envuelto por una luz negra emitida hacia Yara e intensificada por seres completamente distantes temporalmente del amor de Dios.

Adelina sometió por completo las órdenes de Yara, unió hilos grisáceos al cerebro de Claudio quien complementó su mente con pensamientos subversivos y malvados.

El médico, en perfecta sintonía con aquella densa vibración, se quedó pensativo, tratando de encontrar la manera de deshacerse de su amigo y compañero.

Tiempo después, Alberto llegó visiblemente alterado y borracho. Se sentó en un asiento frente a la mesa de Claudio, mientras el doctor veía con orgullo y arrogancia. Sin perder tiempo, Alberto preguntó:

- Entonces, ¿recibiste mi dinero?

- No tengo todo lo que querías. Solo tengo una pequeña parte – concluyó Claudio, visiblemente molesto.

Alberto, nervioso, no pudo contener el impulso. Se levantó inmediatamente y hasta encima de la mesa, avanzó hacia Claudio, intentando golpearlo. Antes que pudiera hacer ningún gesto, inesperadamente cayó al suelo. Con voz amarga y constreñida, intentó con gran dificultad pronunciar algunas palabras:

- Ayúdame. No puedo soportar este dolor en mi pecho.

Claudio, al darse cuenta que el estado de Alberto era grave, permaneció inerte, observando su desesperación, sin siquiera mostrar un gesto de ayuda, pues inmediatamente comprendió que estaba ante la oportunidad que estaba esperando para liberarse de su desgracia de una vez por todas.

Alberto en agonía era digno de compasión. Sin tener nada más que hacer, un tiempo después, ese escenario anunciaba lo peor. Alberto había sufrido un infarto masivo.

Claudio aprovechó la situación, omitió ayuda y poco después descubrió la muerte inminente de su amigo.

~ O ~

Mientras tanto, en el mundo invisible, el equipo de Saúl estaba presente en firme oración, pero en ese momento no pudieron hacer nada, solo esperar el momento adecuado para actuar.

Alberto fue recibido por Yara, quien lo recibió con determinación. Adelina, enloquecida, se lanzó hacia él, reconociéndolo como en el pasado, cuando solo era Demetrio:

- Mi amor eterno, por fin estamos juntos otra vez. Nunca te abandoné y durante todos estos años esperé el día de ese reencuentro.

Inmediatamente Yara ordenó a uno de sus súbditos que la sacara de allí para que no perturbara sus planes. Adelina, gritando, intentó en vano liberarse de manos tan severas:

- Mi señora, ¿cómo puedes hacerme esto? - Preguntó Adelina, desesperada –. Entonces te serví durante tanto tiempo a cambio de mi Demetrio. Solo quiero lo que me debes.

– ¿De verdad creíste que te lo daría después de su muerte? – Gritó Yara, expandiéndose hasta convertirse en una criatura indescriptible –. Él me pertenece y a mi lado formaremos una fortaleza. Su instinto para el mal será muy importante para mí – mirando a las criaturas que estaban cerca, ordenó:

– Aquí viene el infame, de aquí a la prisión de mi mundo. Prepárense para que ella tenga la sentencia necesaria para que recuerde la disciplina.

Espero que no me causes ningún problema en el futuro. Alberto es mi súbdito y nunca permitiré que Adelina se acerque a él.

Sin notar la presencia del equipo de Saúl, Yara permaneció altiva, dominante y enloquecida por su propia maldad.

Mientras tanto, Alberto seguía sumido en un letargo involuntario, sin darse cuenta que estaba muerto.

Yara, admirándolo, entre grandes carcajadas, dijo:

– Ahora los iluminados no tienen que esperar. A Ambrosio me lo escondieron, pero junto a Alberto lo encontraré y él vivirá conmigo en el mundo que él construyó para nosotros: La guerra se ha lanzado definitivamente. Pronto, despertará y recuperará la astucia del pasado. "Juntos despertaremos a nuestros dioses y los faraones despertarán a mi lado"[23] –. Convocando a uno de los líderes, ordenó:

– Refuercen nuestra guardia, como los iluminados no pueden vencerla, además mi ejército ya está organizado para enfrentarlos. Ahora me siento más empoderada.

Sin perder tiempo, Yara ordenó la retirada, mientras Alberto, ajeno a la situación, permanecía en un profundo letargo y era guiado hacia *Un mundo para nosotros dos*.

~ O ~

Mientras las tinieblas se organizaban y celebraban la llegada de Alberto, los bienhechores espirituales permanecían en silencio bajo las órdenes de Saúl.

Luego de la retirada de Yara, Saúl dijo con firmeza:

- Ahora ha llegado el momento de enfrentarnos a Yara. Nuestros ejércitos de luz también están organizados y fortalecidos.

---

[23] Nota del Autor Espiritual (Saúl): Yara se refiere en este párrafo a su experiencia en tierras egipcias. Historia contada por mis amigos Ferdinand y Bernard en el libro: *El Símbolo de la Vida*.

- Tienes razón - añadió Felipe -. No podremos traspasar esos muros. ¿Cómo entraremos en ese mundo?

- No podremos vencerlos - dijo Saúl -, pero ¿has olvidado que los encarnados sí pueden por su cuerpo denso? Sí, el mundo de Yara estaba preparado para recibir a aquellos encarnados que estuvieran en sintonía con ellos. ¿Quién entraría allí sin verse involucrado con esa oscura energía local?

- Hay dos corazones que no negaron nuestra oración, aunque son susceptibles de influencias por estar encarnados. Ellos son: Irene, la médium que ya conocíamos por otros trabajos que hicimos juntos y Néstor, el fiel amigo. Desde hace días ambos se están preparando para esta misión. Hoy los atraeremos a la Ciudad de Jade a través del sueño y juntos enfrentaremos la oscuridad.

- Perdóname - respondió Felipe -, de hecho están listos para ayudarnos, confío en Jesús y sé que Él no nos abandonará - suspirando, continuó: 3

- Sin embargo, algo preocupa mi corazón.

- Dime, hijo - dijo Saúl amablemente.

- Claudio sigue vivo y su conducta todavía llama mucho la atención. Ahora, otra muerte pesará sobre sus hombros. ¿Cómo será su mañana?

Saúl respondió con cariño:

- No debemos vincular nuestros pensamientos a las bajas frecuencias provenientes de las actitudes de Claudio.

Es una persona enferma que necesita ayuda. Vive en un mundo de apariencias que requiere de una guerra interior para permanecer en evidencia. Recuerda, está claro que la perfección es el resultado de mucho esfuerzo, disciplina y, sobre todo, mejora en el autoconocimiento.

Sin embargo, la vida tiene sus leyes y su propio tiempo. En este punto, no podemos hacer más que esperar y orar para que en el momento adecuado Jesús interceda por nuestro amigo. *"No os preocupéis, pues, por el mañana, porque el mañana se preocupará por sí mismo. Cada día os basta"*[24] – llega a su debido tiempo.

Entonces regresaron aquellos emisarios de Jesús a la Ciudad de Jade sin perder el tiempo.

Mientras tanto, en el mundo físico, Claudio articuló, de inmediato certificó la muerte y dispuso el entierro de Alberto lo antes posible para no levantar sospechas en su contra.

~ O ~

En el mundo invisible, Saúl y su equipo pronto llegaron a Ciudad de Jade.

Un grupo de emisarios del bien se prepararon y permanecieron en oración en la plaza central, esperando las benditas órdenes de encaminarse al mundo de Yara.

Ferdinand, acompañado de Débora y Ambrosio, en un lugar llamado sala de aislamiento, que separaba a los desencarnados y donde tenían acceso los encarnados, esperaba la llegada de Irene y Néstor.

Tiempo después, ambos llegaron escoltados y, sin perder tiempo, se dirigieron a un lugar privado. Esta ala aislada de la Ciudad de Jade estaba en desacuerdo con la armonía de las otras dependencias, que estaban completamente protegidas por el amor y la paz celestiales.

Destinado a recién llegados de zonas bajas, que fueron recogidos, pero que aun necesitaban pasar por un cribado y una gran asistencia. A partir de allí, muchos hijos de Dios fueron recomendados para permanecer en Jade o ser trasladados a otras ciudades o Colonias preparadas para acogerlos.

---

[24] Nota del Autor Espiritual (Saúl): Mateo, 6:34.

Los habitantes de Jade, conscientes ya de la necesidad de organizarse para entablar combate con Yara, estaban debidamente preparados para recibir a un gran número de hijos de Dios que serían dirigidos allí o a otras ciudades del mundo espiritual.

Néstor e Irene observaron cada detalle y sin atreverse a decir nada, simplemente caminaron introspectivamente y con profundo respeto.

En ese momento, un hombre llamado Abdías, acompañado de cuatro guardianes de Jade, entró en la habitación.

Sus rasgos animales llamaron la atención. Él, con la cabeza gacha, se detuvo frente a Saúl. El emisario del bien, sin decir palabra, se acercó y voluntariamente lo abrazó con inmenso cariño.

Él, sin poder contener las lágrimas, correspondió como un hijo en busca de un pegamento paternal. Saúl, con una amplia sonrisa, dijo:

- Créeme, el cielo canta feliz que hayas aceptado venir con nosotros. Muchos están orando por ti, además de buscar su propia transformación para el bien, también nos ofreció ayuda en esta gran y compleja misión.

- Sé que no soy digno de entrar por estas puertas. Puertas estas que en medio de mi ignorancia intenté destruir antes. Aunque soy consciente de mis innumerables errores, quiero redimirme de mi pasado. Fueron casi dos mil años de oscuridad voluntaria. No puedo perder la oportunidad que se me ha dado. Gracias Saúl por no rendirte conmigo. Cuántas invitaciones a la liberación, que ignoré sin compasión. Entretanto, te mantuviste firme, indicando afectuosamente la dirección. Aquí estoy para servir. Desafortunadamente, no tengo suficiente claridad y luz, pero llevo en mis manos llenas de cicatrices solo el deseo de ser diferente, mejor de lo que era ayer.

- Amigo – intervino Saúl –, estoy positivamente orgulloso de estar frente a un corazón tan grande y sabio. No importa los días de ayer, hoy estás aquí construyendo un mundo nuevo enfocado en Dios.

Abdías, demostrando una verdadera conversación, enviando su mente al pasado, cuando experimentó la vida junto al apóstol Marcos[25], con dificultad y vergüenza dijo:

- Guardo en mi memoria, como si fuera hoy, aquel día en que cobardemente no pude soportar las torturas y bajo el pesado yugo de hombres hostiles, entregué los restos del apóstol Marcos a sus verdugos. Por miedo no pude guardar el secreto del lugar donde se encontraban los amigos de este emisario de Jesús.

Lo habían enterrado, lo cual, por gran ironía, fue un entierro del que yo también fui testigo.

Marcos me acogió – prosiguió Abdías –, me enseñó sobre Jesús y me ofreció una vida nueva. Yo, sin ninguna preparación, simplemente ignoré tal sabiduría y sucumbí en medio de mi ignorancia y miedo. Desde aquel episodio, aun sin que nadie me culpara, todo lo contrario, todos extendieron sus brazos hacia la luz, mi corazón y mi mente me transformaron en un verdugo de mí mismo, me transformé. Me convertí en un juez austero y regresé a mis raíces judías. De ser aprendiz de Jesús, cristalicé mi mente en el estudiante judío que era, tratando de escapar de la realidad.

- Hijo mío – explicó Ambrosio – somos capaces de realizar un gran martirio contra nosotros mismos, pero Jesús conoce nuestras debilidades y siempre nos da grandes oportunidades para un nuevo comienzo.

- Hoy me apoyo en este pilar del amor y construiré un imperio íntimo de perdón y de reconstrucción – afirmó Abdías –. Me arrepiento de haber encontrado una manera de castigarme en

---

[25] Nota de la médium: aquí el autor se refiere a la historia de este personaje relatada en el libro *El Símbolo de la Vida* por los espíritus Ferdinand y Bernand, psicografiado por Gilvanize Balbino.

la oscuridad. Sin soportar el peso de la carga que me impuse, creé un ejército para cazar sin piedad a los seguidores de Marcos.

Mi mente cristalizó en ese momento y me posicioné mentalmente como general en esa oportunidad. Los que cazaron al apóstol inocente. De esta manera seguí durante años distribuyendo todo el mal que residía en mí y descubrí una fuerza incontenible del mal en mi corazón. Actué fríamente y sin piedad. Yo era un general austero desde las sombras. Entonces, cuando me encontré con Saúl expresando tal compasión hacia mí, donde pude experimentar la dulzura del amor, cae sobre mí en mi propio imperio. Mi mente enferma reveló una gran realidad. El pasado lúcido se apoderó del presente.

Se hizo una pausa, Abdías tratando de reponerse de tal emoción y del dolor de remordimiento que tocaba su corazón, con un simple gesto se secó las dolorosas lágrimas que rozaban sus mejillas y continuó:

- Fui un tonto al creer que congelar la mente en un recuerdo de mi vida era la solución. Te perseguí, Saúl, como un cargador feroz persigue su juego. Sorprendentemente, cada acto de odio que cometí contra ti recibió amor y complacencia, que no podría esperar de otro modo de un gran corazón como el tuyo.

- Amado amigo – intervino Saúl – no me exaltes, solo soy un hijo de Dios que cree que todos pueden tener una oportunidad y transformarse para bien, esa es nuestra tarea.

- En aquel día inolvidable, cuando el ministro supremo de Jade, Ferdinand y Débora, a quienes nunca podría haber olvidado, se arrodillaron ante mí y me dijeron que el mismo apóstol, el que yo mismo no pude defender los restos mortales, me estaba rogando ayuda. Tal amor brotó de sus corazones y derrotado, no pude permanecer fiel a la oscuridad que yo mismo creé, sucumbí a la luz blanca que me tomó mi corazón. Inmediatamente recuperé mi memoria saludable. Se mezclaron hechos del pasado y actitudes dañinas del presente, pero no justificaron mi acción contra Jesús.

Mientras tanto, se acercaron Ferdinand, Débora y Ambrosio. Abdías, manteniendo una expresión emotiva, señaló a los emisarios del bien y continuó:

- Por eso, decidí liberarme de mi oscuridad interior. Es para ellos, para Marcos, el apóstol, y para todos los que he conocido que me llevan a Jesús, a quien estoy aquí para servir. Ahora por una buena causa.

Saúl, alumbrando su habitual luz dorada, escuchó con respeto aquellas palabras y con amor incondicional alteró el ruido de la conversación y dijo:

- Tenemos una misión especial y debemos ser exactos en nuestras acciones. Cualquier fracaso puede ser fatal, pero confiamos en Jesús y en ti. Como ya hemos indicado a Irene y a Néstor, necesitamos cruzar los muros del mundo de Yara – continuó Saúl preocupado –, ésta es nuestra dificultad. Debe haber alguna debilidad en la seguridad de ese lugar que podemos explorar.

- Perdóname – dijo Abdías –. Conozco las debilidades de seguridad del mundo de Yara. Los guardias que custodian la entrada principal son aficionados a los transeúntes que vienen de la Tierra, ya que pueden representar una gran amenaza para la líder. Entonces, un día descubrí que se habían olvidado de que, en la parte norte del muro, hay una entrada construida en secreto por personas encarnadas y desencarnadas a quienes Yara les prohibió frecuentar el lugar por no respetar sus leyes oscuras. Sin embargo, debido a la adicción energética de su mundo, estos desviados encontraron la manera de ingresar al lugar y nutrirse de voluptuosidad sexual sin ser notados.

- Amigo – intervino Saúl con una expresión más positiva –, necesitamos infiltrarnos en Irene y Néstor para llegar a una habitación especial desde donde Yara gobierna todo su mundo. Por eso, cuando estén allí, conectaremos sus mentes y juntos emanaremos la fuerza suficiente para que, a través de sus cuerpos, expandamos la luz necesaria para romper la fortaleza.

- Si quieren tener éxito, deben utilizar este pasaje – Abdías, mirando profundamente a Néstor, continuó:

– A pesar de saber quién eras, créeme, no estás preparado para cruzar ese muro y enfrentar el poder que ese lugar emana del espíritu en condición masculina.

En ese momento, sin que Néstor pudiera romper el velo del olvido que le fue impuesto en aquella encarnación, no pudo reconocer a Abdías. En ese momento, ante él solo estaba un líder de la oscuridad, condenándolo a sus leyes. Nervioso, Néstor dijo:

- ¿Qué dijiste? ¿Cómo puedes saber si estoy preparado o no para esta tarea? ¿Cómo te atreves a juzgarme, alguien como tú que quiere saber qué significa la luz, alguien que exhala el oscuro perfume del inframundo post– muerte?

- Querido – dijo Abdías, sin cambiar –. Siendo un profundo conocedor de la oscuridad, sé lo que digo. Entrar en un mundo así es práctica incansable del bien, una fe indestructible y, sobre todo, un amor incondicional a Jesús.

Saúl, al darse cuenta de la tensión innecesaria del momento, intervino:

- Amigos, no debemos ofrecer la oportunidad de una conversación divisiva, solo debemos aceptar a cada servidor como y creer en Jesús, ya que es el Señor quien nos llama ahora. Antes que yo, ambos fueron convocados y desempeñaron sus tareas de la mejor manera posible.

Abdías, acercándose a Irene, analizándola con curiosidad, no pudo contenerse y dijo:

- Entonces ella es real. Siempre he tenido curiosidad por este médium. Se habla mucho en las zonas bajas debido a los intentos fallidos de influir en el mal. También comentan sobre su lealtad hacia los miembros de Ciudad de Jade. Incluso sin conocerla, créanme, le asigné muchos soldados bajo mis órdenes para intentar llevarla a las sombras y servirme. Ahora estoy a su lado para servir a Jesús. También escuché que hay médiums preparados para misiones especiales, pero por lo que tengo entendido, Irene nos será de mucha utilidad, ya que es un instrumento en sintonía con la Ciudad de Jade.

- Señor – disparó inteligentemente Irene – si alguna vez usted pasó su tiempo tratando de influenciarme negativamente, ahora le digo que por eso, créame, seguiré sus órdenes sin contradecirlas.

- Me agrada tu actitud – dijo Abdías sorprendido –. Ahora seamos prácticos. Ambos deben seguir mis órdenes. Mientras los tres vamos adentrándonos en esos muros, unas mujeres encarnadas y desencarnadas, en condición femenina de exuberante belleza, elegidas por mí con gran celo, llamarán la atención de los guardianes de la entrada principal. Créeme, esto no fue difícil para mí, después de todo, muchas personas me debían innumerables favores. De esta manera tendremos tiempo suficiente para cruzar el salón principal e instalarnos en el centro de mando, porque solo en este lugar existe una conexión con el exterior que utiliza Yara para emitir las vibraciones de sus pensamientos perversos y ordenar a sus súbditos.

Los presentes escucharon las brutales palabras de Abdías y coincidieron con los detalles que ya habían sido meticulosamente analizados por los administradores de la Ciudad de Jade.

- Sabíamos que podíamos contar con tu astucia – dijo Saúl –. Sugiero que no perdamos más tiempo y pasemos a la misión que nos espera.

Los ojos de Irene brillaron y el silencio anunció que la oración estaba presente en su corazón. Permaneciendo discreta y fiel a los propósitos allí presentados, respetó las órdenes, sin oponerse a ellas.

- Señor – dijo Irene con humildad y hasta mostrando ingenuidad sin considerar la guerra que enfrentaría –, estoy feliz de poder venir. Pido a Jesús la fuerza suficiente para que mi inferioridad no interfiera en esta misión.

- Me hago eco de las palabras de Irene – intervino Néstor –. Lo que más deseo es servir. Que Dios me ayude a no sucumbir a las sombras.

- Para ello – añadió Saúl –, es necesario desterrar los pensamientos de debilidad y revestir su corazón de valentía. Recuerda, te necesitamos tal como eres, tal como eres.

La habitación fue invadida por un perfume similar al suave aroma de las rosas blancas. Una benefactora de la Ciudad de Jade llamada Estela, que escuchaba discretamente la conversación, se acercó a Irene y, en un gesto maternal, la abrazó y le dijo:

– Hija, una vez más el cielo ruega tu renuncia y dedicación a los menos favorecidos ante la luz. Cree que cuando salgas de esa zona oscura estaré aquí dispuesta a ofrecerte mi corazón para tu recuperación.

Las lágrimas no faltaron en el rostro de Irene, quien recibió esa demostración de amor con resignación nacional.

En el momento definido, bajo las órdenes de Saúl, Abdías, con admirable inteligencia, impulsó un procedimiento de impregnación, dejando los cuerpos espirituales de Irene y Néstor más densos bajo la misma línea vibratoria que el mundo de Yara. Una acción imprescindible para evitar ser descubierto.

Al finalizar el curioso trámite, los rostros de Irene y Néstor cambiaron y llegaron a la línea de partida.

Aquellos emisarios de Jesús continuarían afrontando la difícil misión, pero llevando la fuerza de Dios en sus corazones.

CAPÍTULO 21 Después de las Murallas, la gran Confrontación

"Porque verdaderamente el Hijo del Hombre va, tal como está escrito de él."

Marcos, 14:21

Cuando llegaron las medidas del mundo de Yara, el ejército de Jade se posicionó sin ser notado.

El denso lugar se veía intensificado por una espesa niebla grisácea que hacía el aire pesado, casi imposible de soportar.

Frente a la entrada principal, los guardianes permanecían completamente vigilantes, envueltos por las extravagantes bellezas de aquellos seres femeninos que Abdías había enviado para entretenerlos. Mientras tanto, subrepticiamente, Abdías de la mano de Irene y acompañado de Néstor, se dirigieron hacia la entrada norte.

El ejército de Jade se desplegó a las órdenes de Saúl, sin ser advertido, con refuerzos de Ferdinando, Estela, Débora y Ambrosio.

Sorprendentemente, a diferencia de muchas zonas oscuras, el lugar creado por Yara estaba lleno de lujo y exceso por todos lados.

Borrachos encarnados mezclados con desencarnados, unidos por la fuerza mental de los pensamientos de baja frecuencia y disfrutando de los beneficios del entorno en un escenario indescriptible.

Cuando llegaron al salón principal, Yara reinaba imponente y celebraba la llegada de Alberto, quien se encontraba en una celda aun en un enorme y perturbado letargo. Algún tiempo después, se acercaron al sitio de la conexión e incluso antes que Irene se posicionara donde se había acordado, se sorprendieron inesperadamente.

En ese momento, Néstor se vio repentinamente asediado por criaturas deformes que destilaban sensualidad.

Éste, incapaz de soportar los sucesivos golpes enérgicos, cayó de rodillas. Irene, firme, lo sostuvo en sus brazos, tratando de ayudarlo. Con cariño y fuerza dijo:

- No cedas a la oscuridad, abre tu mente a Dios y piensa en Jesús, porque nuestros amigos nos necesitan – tratando de sacarlo del trance espantoso que lo tomó inmediatamente, preguntó:

– Abdías, por Dios, ¿qué está pasando? ?

- No pudo resistir las influencias y cedió a los placeres de este lugar – Abdías, sin piedad, abofeteó a Néstor, intentando despertarlo de aquella implicación.

– Debes acercarte a Yara y desde allí buscar conectar con Saúl.

- ¿Cómo haré esto solo? Néstor sería mi apoyo.

- No tengas miedo, yo seré tu apoyo – dijo Abdías

- Me quedaré con él. Solo tú puedes salvar la misión, así que ahora vete, no podemos perder el tiempo, sino seremos descubiertos. Te doy mi palabra que no te abandonaré. Vete.

Irene, sin contradecir a su amigo, lo siguió y se posicionó en el lugar definido. Con gran habilidad mediúmnica, se sumergió en profunda oración y estableció la conexión perfecta con Saúl. Recibió esa fuerza iluminada y se expandió, asemejándose a un gran Sol.

Inmediatamente, Yara bajó de su trono llena de ira. Observando todos los detalles, llamó al líder de su guardia personal y caminó hacia estos hijos de Dios.

En ese momento, Yara se dio cuenta que algo se escapaba de su control, gritó y dijo:

– Estamos siendo atacados por los iluminados.

¡Rápido, adelante al ataque!

Antes que Yara pudiera reaccionar, Saúl se dio cuenta que algo había cambiado en los planes iniciales, no perdió tiempo y dio la orden a los presentes.

Aprovechando el momento de debilidad de los guardias, con un gesto fuerte ordenó a su equipo intensificar la oración. Unidos, emitían desde sus cuerpos rayos luminosos que se lanzaban presentando un fuerte destello.

Saúl, vigilante, promovió la expansión periespiritual necesaria para romper la guardia local, para que los emisarios del bien pudieran atravesar las murallas. De repente aparecieron las cándidas figuras de Ferdinando, Débora y Ambrosio, dando al grupo una fuerza inmensa e indestructible.

La luz que emanaban de ellos invadió el lugar e Irene, como médium, recibió de Saúl una luz dorada que irradiaba por toda la habitación.

Finalmente, las criaturas, temporalmente alejadas de Dios, corrieron asustadas y trataron de defenderse de tan grandiosa luz.

En una escena indescriptible, los desencarnados buscaron refugio en otros hogares de aquella región de oscuridad, mientras los encarnados regresaban repentinamente a sus cuerpos, despertando con la sensación de una oscura pesadilla.

Los guardianes, asustados, huyeron y en ese momento, Saúl, su equipo y los demás benefactores entraron a la zona gris.

Poco a poco, los muros de los muros comenzaron a derrumbarse.

Los emisarios del bien se acercaron al lugar donde se encontraba Irene para liberarla de esa conexión agotadora.

Ella, sin considerar las consecuencias, corrió a socorrer a Néstor quien permanecía entumecido, cuando Yara, completamente alucinada, dijo:

- ¡Maldito Abdías! Me traicionaste al traer a los iluminados a mi mundo. De la misma manera que en el pasado no pudiste ser fiel al apóstol Marcos. Te torturaré hasta el límite de tus fuerzas. Quiero ver si aguantarás y permanecerás fiel a los emisarios del bien.

Sin piedad, Yara irradió una luz negra, al igual que las frías y afiladas hojas de sable de Abdías que recibieron el martirio en una condición que despertó conmiseración a los presentes.

En ese momento, en un gesto de piedad, Irene, sin medir las consecuencias, intentando salvar a su amigo de tal martirio, se arrojó delante de él y sucedió lo inevitable. Ella absorbió con resignación esos golpes, mientras Abdías se recuperaba rápidamente.

Irene no pudo soportar los golpes y casi se desmaya, cayó al suelo. Abdías se levantó para ayudarla y, con celo, la puso en sus brazos y le dijo:

- ¿Por qué actuaste así, lanzándote frente a mí para que no recibiera esos golpes? ¿Por qué salvarme? - En ese momento, lágrimas voluntarias marcaron sus rostros.

Irene, con evidente dificultad, confesó:

- ¿Por qué no lo haría? Como tú mismo dijiste: "Para ellos, para Marcos, el apóstol, para todos los que conocí y que me llevaron a Jesús, estoy aquí para servir."

Abdías, en un gesto paternal, apoyó la cabeza de Irene sobre su pecho y, con inmensa dificultad, rompió sus propios prejuicios y oró:

- "Jesús, a quien una vez conocí, a quien una vez viví y a quien amé con todas las fuerzas de mi existencia, no ruego por mí, ruego por este ángel que el Señor envió para restaurar de una vez por todas mi corazón marcado por innumerables faltas.

Ella no preguntó quién era ni quién era y sin preguntar nada ofreció su corazón a mi favor.

En mi camino, rara vez me encontré con alguien que mostrara tanto amor a los demás.

Como no tengo nada que ofrecerte, porque solo soy un esclavo de la oscuridad que reside dentro de mí, te ruego, Señor: salva a este ángel y devuélvele la vida íntegramente."

En ese momento ingresó al local el equipo de Saúl acompañado de Ferdinando, Estela, Débora y Ambrosio.

Inmediatamente Néstor fue sacado con cuidado de esa habitación, mientras Estela y Saúl, preocupados, se acercaban a Irene.

Estela, con inmenso cariño, la rodeó de intenso amor y sin perder tiempo, bajo la guía de Saúl, debidamente escoltada, sacó a Irene y Abdías de aquel oscuro lugar, regresando a la Ciudad de Jade.

~ O ~

Mientras tanto, el mundo de Yara poco a poco se vino abajo.

Los emisarios de Jesús se acercaron confiados, emitiendo una luz fortalecida que brillaba de amor, que impregnaba el ambiente, rompiendo la oscuridad.

Cuando se encontraron con Yara se transformó completamente en maldad, la cual sin piedad alguna se expandió violentamente, tratando de llenar la habitación con densas llamas ardientes similares al fuego vivo, haciendo inevitable el combate.

Ferdinand, Débora y Ambrosio se juntaron y arrojaron sobre Yara una luz azulada que, poco a poco, fue anulando la fuerza de aquel líder de las tinieblas.

Poco a poco Yara se encontró sola y debilitada. Después de todo, su mundo de maldad fue destruido por la fuerza de un amor innegable.

Estaba visiblemente exhausta, incapaz de mantenerse firme y cayó de rodillas. Su cuerpo deformado, sutilmente volvió a su forma normal, dándole la apariencia de una mujer que ahora mostraba una belleza frágil y enfermiza.

Tiempo después, Yara les dijo a Ambrosio:

– Por fin, cara a cara después de tantos años de una búsqueda interminable. Yo construí, este mundo era para los dos y esperé el día en que reinarías imponente a mi lado.

Fuiste y eres el hombre que nunca se doblegó ante mí y no puedo evitar entender esa elección. Mi amor por ti fue la razón por la que soy lo que soy.

Siempre fui deseada y buscada, pero tú me ignoraste severamente. Busqué en la fuerza de la Tierra, en las frecuencias más bajas del pensamiento, mantener mi imperio que ahora ha sido totalmente destruido.

- Hija – intervino Débora con un suspiro –, no fue el amor lo que te volvió mala, sino tus propias decisiones. El amor es suave y nace más allá de la materia. Cuando los hijos de Dios se unen para experimentar una vida, créeme, el inicio de sus historias fue trazado por las manos sagradas del Señor y las bendiciones de Jesús, que solidifica la estructura de este amor sobre los cimientos del conocimiento, respeto, tolerancia y paz.

Yara, intentando recomponerse, tras una breve pausa, continuó:

- No me hables de amor – dijo enojada –. Alberto fue el principal retén para ayudarme a mantener este mundo. Gracias a sus pensamientos y actitudes desviadas, tendría lo que necesitaba para afirmar mi imperio. Para nosotros fue una gran fuente de mantenimiento de la energía nubosa que atrajo a muchas personas con ideas afines. Eran inteligentes, no lo puedo negar – continuó Yara –. Han intentado infiltrarse en otros aquí, pero siempre lo descubrí en el momento adecuado. Sin embargo, la oscuridad también falla, estuve alerta. No esperaba que buscaran ayuda de Abdías, gobernador de otra ciudad oscura, y confié en mis guardias, pero nunca imaginé que mi fortaleza fuera vulnerable.

Les había prometido a mis súbditos que si lográbamos traer a Alberto aquí, haría una gran fiesta, pero todos estaban tan alucinados por el poder de las fuerzas negras, provenientes de las regiones bajas, que descuidaron su guardia. Estoy arruinada. Todo se derrumbó. Destruyen mi mundo, pero no podrán captar el ímpetu de los corazones de la Humanidad que aun se nutren de energías de baja frecuencia.

Ambrosio acarició cariñosamente sus mechones y la animó:

– Levántate y contempla las montañas que nublan temporalmente tus ojos. No siempre actuamos con una visión ampliada de Dios. Incluso si la Tierra todavía no comprende lo importante que es transformar pensamientos y actitudes para bien, encontraremos corazones descarriados, ya que sabemos que cambiar el camino del pensamiento requiere esfuerzo. La liberación es importante para que el corazón no caiga en abismos de aspectos misteriosos del ser mismo.

Es hora de cambiar la actitud para que los sentimientos elevados ocupen tu vida, conduciéndola hacia el Señor. El falso amor que decías sentir por mí no era más que el sentimiento de un niño contrariada que recibió un no de su padre. Mi amor por ti es suave y paternal. Estoy aquí para darte la bienvenida como una hija amada que necesita regresar a los brazos de Dios.

- ¿Qué me está pasando? – Preguntó Yara, debilitada –. Estoy confundida. No entiendo este doloroso sentimiento de remordimiento que reposa en mí y del que no puedo deshacerme. Por eso siempre he sido tan fuerte. ¿Cómo puedes venir aquí a recibirme como a un padre si en realidad te perseguí ferozmente para tenerte a mi lado como mi compañero? ¿Cómo es tu Jesús tan benevolente con alguien como yo?

Mientras Ambrosio emanaba amorosamente una luz serena sobre Yara, la líder de las tinieblas ahora era solo alguien frágil que se desarmaba ante tanto amor. Él, respetuosamente, continuó:

- No podré ser el compañero que quieres, pero seré el amigo que voluntariamente extienda mis manos para mostrarte el camino hacia Dios. Olvida el pasado. Hoy es el momento de empezar de nuevo y vámonos, te ayudaremos en esta nueva vida que se te ofrece con compasión – abrazándola con respeto y cariño, Ambrosio continuó:

– Ahora descansa, porque los ángeles del cielo te esperan. Habrá un día en que, cuando seas restaurada y conozcas a Jesús en su gran sabiduría, tendrás la oportunidad de revisar el pasado y ayudar al Señor en la construcción de un mundo renovado. Por ahora es necesario restablecerse.

Yara se desmayó. Ella había sido derrotada. Incapaz de expresar un gesto o pronunciar una sola palabra. Debidamente escoltado, Ambrosio sacó a Yara de ese lugar y se dirigió a la Ciudad de Jade.

~ O ~

Luego de recoger a Yara, Saúl, acompañado de Ferdinand y Débora, caminaron por las ruinas hasta llegar a la celda que permanecía en pie, sosteniendo un cuadro mental lastimero.

A medida que se acercaban, la escena era digna de tanta miseria. Mientras Alberto permanecía inerte, en un profundo y alucinado letargo, acostado en una cama, Adelina, completamente loca, lo cuidaba y mascullaba palabras repetidas e inconexas. Debilitada por las sucesivas torturas a las que fue sometida bajo las órdenes de Yara, no reconoció a los emisarios del bien.

Saúl astutamente intentó acercarse, pero ella no permitió que nadie tocara a Alberto, protegiéndolo como una fiera que protege a sus crías.

Débora le dio un pase con cuidado, tranquilizándola como a una niña desprotegida:

- Hija amada – pidió Débora –, ven conmigo. Ahora todo está bien y dondequiera que vayas recibirás toda la ayuda necesaria para tu recuperación.

- No me iré sin Alberto – continuó Adelina. Él es mi amor y no me apartaré de su lado.

Algunos médicos que son miembros del equipo de Saúl, que estaban listos, notando la delicadeza del momento, intensificaron el ataque a Adelina, haciéndola debilitarse y ceder a la ayuda del amor.

Débora la abrazó con cariño, como una madre benevolente. Saúl, al darse cuenta que el momento era propicio, no perdió el tiempo e instruyó a algunos miembros de su equipo para que sacaran inmediatamente a Débora y Adelina de esa habitación.

Mientras ambas salían bajo intensa protección, inesperadamente, un grupo de espíritus oscuros, completamente convertidos en sombras, se acercó a Alberto. Al no poder ver la presencia de los emisarios del bien, intentaron rescatarlo para llevarlo a otra morada oscura, cercana a esa región.

Eran espíritus que convivieron en afinidad con Alberto durante muchos años, disfrutando de sus actitudes inferiores. Uno de ellos, reconocido como líder de ese grupo, comentó:

– De todos modos, él está aquí. Llevémoslo con nosotros. Después de todo, tiene muchas deudas conmigo y ha llegado el momento de saldarlas. Lo ayudé mucho con temas profesionales, dinero y sexo. Ahora solo quiero lo que me pertenece.

Mientras tanto, Saúl intervino. Este grupo, completamente vulnerable y desprevenido, no representaba miedo. Entonces, sin ser notados, los emisarios del bien emanaron sobre ellos una intensa luz, cegándolos y haciéndolos alejarse inmediatamente. Incapaces de entender lo que estaba pasando, simplemente corrieron sin imponer restricciones.

Así que ahí terminó el "Mundo de Yara", el último cuadro mental se había roto y Alberto fue trasladado a la Ciudad de Jade, para recibir primeros auxilios.

~ O ~

Al llegar a Ciudad Jade, se dirigieron rápidamente a la sala de aislamiento.

Bueno doctores, orientadores, enfermeras y auxiliares recibieron a Alberto e iniciaron el proceso de desimpregnación. Saúl, incluso visiblemente abatido por la completa complejidad de la tarea, no se separó de Alberto hasta que estuvo seguro que estaba bajo control. Felipe, luego de terminar un trámite con el recién llegado, dijo:

- Saúl, Alberto, Yara y Adelina están listos para ser trasladados desde Ciudad Jade al destino designado.

- Es lo mejor que podemos hacer por ahora – dijo Saúl –. La lluvia magnética en sus mentes es intensa y no podemos mantenerla aquí ni acomodarla en alguna Colonia cercana a nosotros. Lo que vamos a hacer es retenerlos por períodos cortos en algunos lugares que han sido aceptados para asistencia temporal. Con esto liberaremos a sus verdugos y a sus víctimas de continuar un ciclo hostil de persecución.

Antônio, perplejo, se acercó y no pudo contenerse. Admirado, dijo:

- Saúl, ¿cómo puedo recibir a alguien como Alberto? Alguien que promovió tantos males cuando estuvo encarnado –. Con una mirada represiva, Antônio continuó –. Estas dos mujeres merecen ser castigadas por sus acciones. Perdóname, pero para mí es difícil aceptar esta actitud.

- No nos corresponde a nosotros juzgar estos espíritus – suspirando, Saúl con respeto, continuó:

- Por designación superior, estarán bajo el intenso cuidado de un ala de hospital, diseñada para desconectar sus mentes enfermas del apego a la materia y los vicios que aun están vivos en ellos. El motivo de esta decisión es contener su impulso. La poca zona de oscuridad mantenida para Yara ha sido rota, pero si los dejamos libres, sin este letargo temporal y obligatorio, algunos posibles males mayores pueden cometer en esta fase actual, en la que se encuentran con la mente aun cristalizada en el mal.

- Con esta actitud – intervino Débora –, creemos que suavizarán sus espíritus inquietos bajo una intensa vigilancia y sus acciones serán contenidas hasta que puedan ejercer responsablemente su libre albedrío. Así, se romperá el ciclo del mal creado antes. Esto no significa que su capacidad de elegir haya sido totalmente obstaculizada, solo temporalmente contenida para que puedan recibir asistencia y amor celestial, sin restricciones. No abandonamos nuestros remos. Acompañaremos y apoyaremos a las Colonias que los están cuidando, en lo que sea necesario para esta tarea.

- Perdona mi ignorancia, que todavía reside dentro de mí – confesó Antônio, avergonzado –. La verdad es que estoy asombrado del amor que aquí muestran todos, sin distinción. Intentaré reforzar mis estudios y algún día ser digno de volver al trabajo externo. Por ahora me reservo para aprender. Por favor, dime: ¿será tranquilo este sueño en el que le han impuesto?

- El hecho que estén dormidos no quiere decir que estén en paz – respondió Saúl –. Sus mentes permanecen activas y los hechos de sus vidas se mezclan entre sueños y pesadillas, como nosotros no podemos olvidarnos que son víctimas de sus propias decisiones. Aun así, bajo los cuidados intensivos de los pases, tratamiento que ya está establecido para ellos, podrán despertar, en su momento, para revisar sus actitudes y ajustar el rumbo de su existencia.

Entonces esos corazones fueron transferidos desde la Ciudad de Jade para continuar las historias de sus vidas.

~ O ~

Tiempo después, Ferdinand y Débora se acercaron y la expresión de felicidad marcó sus rostros.

Néstor, renovado, fue conducido a la habitación donde lo esperaban los emisarios del bien. Él, abatido, sin ocultar el dolor que ulceraba su corazón, dijo:

- Nobles señores, no era digno de honrar la misión que me fue confiada. Les ruego que me perdonen.

- Querido amigo – dijo Ferdinand –, es importante que no te sometas a un martirio tan íntimo. Tu participación fue importante y, créeme, sabemos que lo que te pasó podría afectar a cualquier hombre que enviemos allí. Regresa al cuerpo y rezo para que no te sientas incapaz. Necesitamos que permanezcas activo en el grupo del que formas parte, guiando a Rita y sus amigos hacia las enseñanzas espíritas. En tus manos está la misión de guiar y conducir esos corazones a Jesús.

Ferdinand, en un gesto de amor, colocó su mano derecha sobre la frente de Néstor y le ofreció un pase que le haría olvidar los acontecimientos vividos en el mundo espiritual.

Al recibirlo, en silencio, fue conducido hasta el cuerpo físico que descansaba en paz sobre la cama.

Néstor se despertaría esa mañana preparado sin recordar ningún acto vivido la noche anterior, solo mantendría consigo el sentimiento de paz.

Poco después del regreso de Néstor, Abdías, exhausto y abatido, llegó a ese lugar. Él, en silencio, creyó que él también sería trasladado; sin embargo, Saúl dijo:

- Hijo, a diferencia de los demás, te quedarás aquí en Ciudad de Jade con nosotros. En reconocimiento a tu esfuerzo por querer cambiar y buscar la luz, yo mismo conduciré tu tratamiento con el apoyo de nobles amigos que ya se han puesto a disposición para ayudarte.

De forma voluntaria, los presentes aplaudieron a Abdías y lo saludaron con inmenso cariño. No pudo ocultar sus lágrimas y entre sollozos dijo:

- ¿Cómo puedo ser digno de tal acogida? Sobre mis hombros el peso de mis acciones cae como un árbol, cargándome del pasado. Necesitaré toda la ayuda y de ahora en adelante buscaré mi cura para ser un siervo junto a todos ustedes – acercándose a Saúl, besó su mano derecha y continuó:

– Sin tu ayuda, ciertamente no estaría aquí. A partir de ahora seguiré cada recomendación para poder encontrar mi camino. Sin embargo, algo me aprieta el corazón. Conocí muchos seres iluminados, pero Irene, una simple encarnada, tocó mi ser. Dime: ¿podré volver a verla algún día?

En ese momento, Irene, al lado de Estela, se acercó. Espontáneamente, sin prejuicios, abrazó a Abdías depositándole un cariñoso beso en la frente:

– No tengo palabras para expresar mi agradecimiento – dijo Abdías –. Tu gesto fue y será para mí un hito en mi regeneración y cuando nos volvamos a encontrar, créeme, te bendeciré con toda la verdad de mi ser.

Irene, secándose sus tímidas lágrimas, lanzó una dulce mirada a los emisarios presentes, saludándolos con inmenso respeto.

En la despedida recibió un abrazo de Estela, quien la impregnó de una luz regeneradora para que pudiera despertar sin las impresiones que había vivido.

Saúl, bondadoso; se acercó y dijo:

– Ha llegado el momento de volver. Ve, hija, porque también es necesario que te mantengas firme en el propósito cristiano que te ha sido encomendado. No recordarás absolutamente nada de lo vivido aquí junto a nosotros, pero guardarás en tu corazón el sentimiento de plenitud del trabajo bien hecho. Ahora ve.

Respetando la orden, Irene volvió a su cuerpo para despertar ese amanecer con el Sol brillando y calentando de esperanza los corazones que estarían a su lado toda la vida.

Mientras tanto, los trabajadores de Jade regresaron a sus tareas, a la espera de mayores deliberaciones sobre tareas futuras.

CAPÍTULO 22 Superando el Pasado, escribiendo una Nueva Historia

"No dejéis de hacerlo, porque no hay nadie que pueda hacer milagros en mi nombre y luego poder decir cosas malas de mí. Porque el que no está e en nuestra contra, está con nosotros."

Marcos, 9:39– 40

De regreso al mundo físico, la vida siguió su curso para los personajes de esta historia.

Después de la separación, Rita no escatimó esfuerzos para rehacerse y construir una nueva existencia. Al no poseer ya la propiedad que le exigía Alberto en la definición judicial, se fue a vivir a una casa sencilla, ofrecida por Fátima y Ricardo. Al incorporarse a Fátima, se turnó para realizar actividades del día a día en la panadería de Leopoldo de Alcántara y en la capital, además de mantener su trabajo como costurera, pero ahora, con menor intensidad.

Ambas viajaban una vez por semana a São Paulo, lo que les permitió participar de la institución que dirigía la médium Irene.

Rita se había convertido al Espiritismo y encontró fuerza en las enseñanzas de Jesús para empezar de nuevo y seguir adelante. Eso hizo que su amistad con Néstor se estrechara. Encontró en este amigo apoyo y alegría para su vida, que fue cambiando a través de la fuerza de la perseverancia para superar los hechos del pasado y encontrar la manera de continuar en el presente.

Finalmente había llegado el día de la boda de Sabrina. La joven y Adrián no pudieron ocultar su felicidad y como había pasado poco tiempo desde la separación de su madre, optaron por una ceremonia sencilla, sin festejos.

Debido a la conversión de Rita y su separación de la iglesia, el párroco Osvaldo le prohibió ir a la iglesia para no dar un mal ejemplo a sus habituales o fomentar una mayor evasión de su parroquia.

Debido a esto, no celebraron su matrimonio en la iglesia, pero aun así, con gran alegría, no dejaron de celebrar esa unión tan esperada.

De esta manera, la nueva pareja inició una historia privada bendecida por el cielo.

~ O ~

Esa mañana, Fátima estaba atendiendo la panadería cuando entró Leonor, la madre de Alex. Después de los saludos, preguntó:

- ¿Cómo está Álex? Hace tiempo que no veo a tu hijo.

- Nada va bien – reveló Leonor, sin ocultar su expresión triste –. Confieso que hemos experimentado un sufrimiento casi interminable. Al menos cuando mi hijo estaba con Adrián mi corazón estaba más tranquilo, a pesar de sus locuras.

Fátima, al darse cuenta de lo delicado del momento, llevó a su amiga a una mesa y con amor tomó una jarra de agua y se sentó a escuchar su triste historia. Leonor no ocultó sus lágrimas convulsivas y después de beber un trago de agua, tratando de calmarse, continuó:

- Alex inició una amistad con dos jóvenes que, lo confieso, no eran de mi agrado. Influenciado por ellos, mi hijo no tardó mucho en aprender sobre las drogas. De simple broma, hoy es un drogadicto. He hecho todo lo posible para traerlo de vuelta a mí, pero las drogas lo están destruyendo día a día.

- ¡Ay Dios! No conocíamos el estado de Alex.

Leonor, entre sollozos, confesó:

- Hace algunos días ya no reconocía a mi hijo. Nos costó aceptar la realidad. Desafortunadamente, la adicción lo había consumido. Parecía estar en constante control del mal. Inexplicablemente, desde hace un tiempo parece haberse calmado y después de mucho esfuerzo, aceptó ayuda y está internado en una clínica de recuperación. Tengo fe en Jesús que se recuperará.

- Créeme – dijo Fátima –, Jesús no te abandonó. Reconozco lo difícil que es para una madre enfrentarse a una realidad tan triste, pero ya has hecho lo que es correcto: te envió para el tratamiento de la materia y ahora necesita tratamiento del espíritu.

- Es un martirio para nuestra familia. Tengo un hijo más además de Alex. No pudo soportar ver a su hermano en ese estado deplorable y se fue a vivir a São Paulo para terminar sus estudios. Ahora mi esposo y yo estamos luchando por verlo sanar, sabemos que este camino de liberación es complejo, pero no lo vamos a abandonar. Escuché que ahora eres espiritista, por eso te ruego que ores por nosotros.

Si hay curación para el espíritu, algún día lo sabré. Sé que no estoy sola, pero hay días en los que está oscuro y otros en los que me siento como un héroe. Por ahora rezo para que permanezca en recuperación el tiempo que sea necesario. Alex siempre ha sido un joven difícil. Le ofrecimos todo. Los estudios son lo mejor que podemos dar. No sé en qué nos equivocamos, pero confío en Jesús que algún día se recuperará.

- Cariño, no te culpes. Nuestros hijos pertenecen al Señor y nuestra misión es dárselos mejor a Dios. Créeme, hiciste tu parte, aunque no lo parezca, eres bienvenida y el día de su liberación no tardará en llegar. ¡Confía! Hoy enviaré nuestras oraciones en tu favor y, cuando pueda, ven conmigo a ver la casa espiritual que frecuento. Allí encontrarás la fuerza suficiente para comprender el proyecto de vida de tu hijo, fortalecer tu fe y encontrar en el Señor la dirección a seguir.

- Tus palabras sirven para calmar mi corazón cansado – reveló Leonor, abatida –. Aceptaré tu invitación. En su momento aprenderé sobre Espiritismo, pero ahora tengo que irme, las visitas están controladas y no puedo dejar de ver a mi hijo.

En un afectuoso abrazo, Fátima y Leonor se despidieron, mientras en lo invisible los emisarios del bien no abandonaron a aquella madre y sin importar las acciones de Alex, él también fue sostenido por una luz sublime.

~ O ~

Esa mañana en Leopoldo de Alcántara, Ricardo, Fátima y Adrián estaban ocupados con sus tareas diarias en la panadería, cuando un joven se acercó a Ricardo y le preguntó:

- Señor, perdóname por molestarte, pero necesito ayuda. ¿Conoces a este hombre? – el tímido joven mostró un papel con los datos de Alberto.

Fátima y Adrián, al notar la bochornosa escena, se acercaron. Ricardo preocupado, tratando de sondearlo para saber el motivo de la visita, preguntó:

- Dime: ¿cuál es el objetivo de tu pregunta?

– No te preocupes, vengo en paz. Soy de São Paulo, la capital. De hecho, viajé hasta aquí a petición de mi madre para conocer a una señora llamada Rita. ¿Podrías ayudarme a encontrarla? La noticia que traigo es muy importante y exige prisa – tras una breve pausa, el joven prosiguió:

– Mi madre me pidió que viniera aquí a entregar esta carta urgentemente a petición de nuestra vecina, doña Elisa. Ella está en el hospital con un cáncer maligno, en etapa terminal. Su nieto está en mi casa, bajo el cuidado de mi madre, temporalmente. Por eso estoy aquí tratando de encontrar a la esposa de Alberto.

- Joven – dijo Ricardo con firmeza –, sí, la conozco y te pido que me dejes la carta y se la entregaré.

- Señor, mi madre fue categórica y me pidió que simplemente se la entregara en sus manos – el joven, después de pensar unos instantes, dijo:

– Aquí no tengo dónde quedarme, ni siquiera tengo medios para pagar un hotel, así que si me prometes que la pondrás en sus manos, no veo un problema. Señor, es una cuestión de vida. Voy a confiar y te ruego que se la entregues.

Tiempo después, el joven, tras cumplir su misión, se despidió y partió hacia São Paulo.

Adrián, curioso, analizó el sobre y comentó:

- ¿No sería mejor abrirlo, nos informarnos del asunto y así poder ahorrar un poco a Rita, que ya ha sufrido tanto? Ahora que está en un período más tranquilo no quisiera molestarla con nada.

- Hijo – dijo Ricardo –, por mucho que queramos a Rita, no podemos hacer eso. Quédate aquí y cuídate, porque tu madre y yo nos vamos a casa. No olvides que hoy tenemos el Evangelio en el Hogar, así que no llegues tarde, te esperaremos para hacerlo juntos.

Así, sin perder tiempo, Ricardo y Fátima salieron.

~ O ~

Al llegar, inmediatamente fueron a encontrarse con Rita quien se encontraba ultimando los últimos detalles de un vestido de novia apoyada por su hija Sabrina.

Fátima le informó con cariño de la inesperada visita y luego le entregó la carta. Rita, temblando, sostenía la espantosa correspondencia.

Con calma y con una mezcla de miedo y curiosidad, Rita abrió lentamente el sobre y, ajustándose las gafas, comenzó a leer en voz alta:

- Señora, perdóneme por no entregarle esta carta personalmente o decírsela de otra manera menos impersonal. Lamentablemente, mi estado de salud actual me impide tomar cualquier medida.

También le ruego que me perdone una vez más, porque en esta carta le expreso un ruego de compasión y ayuda.

Créame, como madre tenía muchas ganas de empezar mi historia de otra manera, pero la realidad me empuja a escribir estas líneas tan complejas.

Tuve una niña llamada Clara que con mucha lucha crie sola, pues mi marido murió cuando ella era muy pequeña. Intenté con todas mis fuerzas educar dentro de las reglas que creía importantes. Incluso cuando le damos todo a nuestros hijos, no podemos esperar que sigan el plan que nosotros, los padres, les fijamos, porque antes de convertirse en nuestros hijos, son hijos de Dios y libres de elegir sus caminos.

Sin embargo, cuando fue a la universidad, se unió a unos amigos que frecuentaban discotecas muy ricas y lujosas. No pasó mucho tiempo para conocer a un hombre maduro llamado Alberto.

Mantuvo un romance con él durante unos meses. De repente, una relación temporal y sin importancia trajo lo inesperado: un embarazo.

En aquella ocasión, insistió en que mi hija se sometiera a un aborto, pero como soy temerosa de Dios y muy religiosa, le prohibí estrictamente cometer este acto irreflexivo, del que podría arrepentirse más tarde.

Entonces tuve que apoyarla durante su difícil embarazo, porque durante esta etapa comenzó a enfermarse.

Alberto desapareció por un tiempo, pero lo logramos encontrarlo. Entonces, en varias ocasiones, Clara y yo fuimos a buscar a Alberto para intentar hablar con él, pero siempre muy avergonzado y humillado, siempre decía que el niño no era suyo.

La salud de mi hija estaba muy comprometida y yo solo quería que mi nieto llevara el nombre de su padre. Nunca pensé en bienes materiales, pero quería que el niño fuera a la escuela y tuviera al menos su nombre en sus documentos.

Cuando nació mi nieto, acudí a un médico amigo mío para pedirle consejo. Nos dijo que hiciéramos un análisis/prueba de análisis de ADN. Debidamente guiada, en uno de estos intentos de encontrarlo, logré, sin que él lo supiera, obtener material de su propiedad que sería suficiente para el examen.

Clara y mi nieto hicieron el examen y fue confirmado que Alberto era el padre del niño.

Sin embargo, antes que pudiera siquiera hablar con él, sin explicación alguna, Alberto desapareció. Creí que podríamos encontrarlo para que mi nieto llevara el nombre de su padre, pero tiempo después supimos que había muerto.

Mientras tanto, no me di cuenta que la misma enfermedad que me afecta a mí, también sería válida para mi Clara.

Cuando nació mi nieto, todavía en el hospital, el médico que lo dio a luz me dijo que su madre tenía cáncer y ya estaba en estado avanzado.

Sorprendentemente, logró llevar la gestión hasta el final. Estas son esas cosas de Dios que nadie puede explicar. Sin embargo, los días previos a esto no fueron aburridos. La enfermedad empeoró y ya no pude cuidar a mi nieto y pronto la muerte se hizo realidad para nosotros.

Sin mi hija me dediqué al pequeño, pero también enfermé. Ella heredó el cáncer de mí y ahora me toca a mí vivir una enfermedad tan dolorosa.

He aquí el motivo para buscarla.

Estoy muy enferma, los médicos ya han demostrado que estoy equivocada. Mi preocupación ahora es con mi nieto, al que llamamos: Juan Pedro, sin reconocimiento paterno y sin nadie que se encargue de él.

Después de esta historia, vengo a suplicar su piedad y como no tengo a nadie, te pido que lo cuides.

Mi hija nunca debió tener una relación con un hombre casado, en este caso tu esposo, pero créeme, esa no fue la educación que yo le di, pero lamentablemente tomó un atajo que la llevó a una situación muy difícil y de sufrimiento particular.

A Jesús le ruego que perdones a mi Clara y superes el daño causado a Alberto, un hombre de complejo entendimiento.

Apelo a tu corazón materno que conoce el grito de otra madre para cuidar de Juan Pedro, porque Dios conoce todos nuestros dones, pero reconoce en cada uno de nosotros un camino de bien y de luz.

En este momento estoy en el hospital y mi nieto está temporalmente bajo el cuidado de mi vecina Magdalena, quien no puede asumir esta responsabilidad.

Por Jesús te lo ruego, protege al pequeño, porque si es la voluntad de Dios, dondequiera que esté, siempre le rogaré al Señor que te proteja.

Aquí termino mi historia y te dejo el lugar donde podrás encontrarme...

Rita casi se desmaya. Ricardo y Fátima se quedaron dormidos sin saber qué hacer. Sabrina lloró profusamente, sin ocultar la sorpresa mezclada con profundo arrepentimiento.

Mientras tanto, como de costumbre, Néstor se fue a la casa de amigos para participar en el encuentro evangélico en el hogar, cuando encontró a sus amigos en un estado total de estancamiento.

Inmediatamente se acercó a Rita, quien no podía pronunciar una sola palabra. Ricardo informó racionalmente de los hechos a su amigo.

Néstor leyó la carta y, después de un largo suspiro, sirvió agua para las mujeres y dijo:

- Estamos ante una situación que requiere que cada uno de nosotros tenga mucho cuidado en las decisiones que rodean el asunto – lanzando una mirada tierna a Rita, continuó:

– Estaremos a tu lado en cualquier decisión que tomes, solo te lo pido por encima de todo. Cualquiera que sea el sentimiento, una vida da origen al cuidado.

Fátima acariciaba los mechones de Sabrina, cuando Rita, secándose sus lágrimas voluntarias, interrumpió el silencio y dijo:

- Una vez más el Señor me pone frente a una situación delicada y sé que no fue casualidad. A pesar de la infidelidad de Alberto, no puedo ignorar el ruego de esta mujer. Fui a São Paulo para comprender todo esto – suspirando, Rita continuó:

– Dios me fortalecerá y cumpliré con resignación el designio del Señor.

- Mamá – dijo Sabrina – ¿estás segura de eso? No sabemos si todo esto es, de hecho, la realidad.

- Sí hija, para estar segura de esta historia tendré que ir allá para asegurarme. No podemos despreciar este alegato. No podemos pagar mal por mal. Este chico, Juan Pedro, no tiene nada que ver con las actitudes de Alberto.

- Confieso que es muy difícil entender esto – intervino Sabrina –. Pero mi corazón fue tocado por esta historia, que ni siquiera sabemos si es verdad, pero iré contigo para asegurarme que sea verdad.

- Lamentablemente – explicó Fátima –, por el negocio de Ricardo no podremos acompañarlos, pero Adrián sí. Sea lo que sea, siempre contarás con nuestro apoyo.

En ese momento llegó Adrián y se puso al tanto de los acontecimientos.

Así, Rita, Sabrina y Adrián, sin perder tiempo, se organizaron para viajar a São Paulo, con el objetivo de llegar al destino desconocido trágico de Dios y comprender la historia que llegó a sus manos.

CAPÍTULO 23 Viviendo un nuevo mundo para todos nosotros

"Para los hombres es imposible, pero no para Dios, porque para Dios todo es posible."

Marcos, 10:27

Días después de aquel encuentro, Rita, acompañada de su hija y su yerno, llegó al domicilio descrito en la carta. Adrián tomó la iniciativa y, tratando de salvar a las mujeres, llamó a la puerta de una residencia muy sencilla. Respondió una señora llamada Magdalena. Luego de identificarse y saludarlos, Magdalena no ocultó su felicidad y de inmediato los invitó a pasar.

Cuando entraron, notaron la sencillez del ambiente y se sentaron en los pocos asientos de la sala. Les ofreció refrescos y después de servirles, inmediatamente dijo:

- Dios escuchó mis oraciones. Le pedí a mi hijo que la buscara, pero confieso que no le creí que vendría aquí. La historia de doña Elisa contada en esa carta es cierta y la animé a escribirla.

Con gran dificultad logré internarla ya que su estado de salud empeoraba. Lamentablemente, hace dos días falleció porque los médicos no pudieron hacer nada más. Entonces me quedé con su nieto Juan Pedro, pero como pueden ver, no tengo las condiciones para criar a un niño.

- ¿Dónde está el pequeño? – Preguntó Adrián. Pidiendo permiso, Madalena fue a la habitación cercana y trajo en brazos a Juan Pedro, un niño sano y sereno.

- Aquí está – dijo Magdalena secándose las lágrimas –, no tardé en encariñarme con él, pero lamentablemente mi situación me impide criarlo. Cuando vi que la señora Elisa estaba en fase terminal, fui a buscarla para que me ayudara.

Rita no ocultó sus lágrimas. Con evidente cariño se acercó y luego de extender los brazos, no pasó mucho tiempo para que el bebé le ofreciera sonrisas fáciles y buscara el cariñoso regazo que tan familiar le parecía.

Sabrina, conmovida, abrazó a su madre quien sostenía en brazos a su hermano. Después de tan fuerte emoción, Rita intervino:

- No te preocupes, lo llevaremos con nosotros y lo cuidaré con mucho amor.

Sin perder tiempo, después de seguir charlando alegremente, Magdalena arregló las pocas pertenencias del niño y así, se despidieron, sin saber si algún día se volverían a encontrar, justo en ese momento lo único que quedaba era continuar.

~ O ~

Después de un tranquilo viaje llegaron a Leopoldo de Alcántara.

Fátima y Ricardo, al ver al niño, inmediatamente cedieron a los encantos infantiles y no omitieron la alegría.

Adaptándose a la nueva realidad, Rita, con mucho cariño, acomodó la sencilla casa para acomodar a Juan Pedro.

Los días transcurrieron serenamente. Néstor y Rita establecieron una gran amistad y día a día, alrededor del bebé, se fue descubriendo de manera madura una relación fuerte y bendecida.

Esa noche, Néstor fue a visitar a Rita, quien, seducida por el niño, pronto también quedó encantada con Juan Pedro.

Luego que el pequeño se durmiera, Rita preparó café para su amiga quien, luego de disfrutarlo, dijo:

- Estoy orgullosa de ti. Después de todo lo vivido, tras la trágica muerte de Alberto, aceptaste, no renunciaste a hacerte cargo de este niño.

- Bueno, no podría ser diferente. Dios sabe todas las cosas y a mí me correspondía aceptarlas con amor. No podía dejar a este niño abandonado solo porque viví días tan tristes con Alberto. Además este chico no tiene nada que ver con las tonterías de Alberto – Rita cambiando el rumbo de esa conversación destacó:

– Amigo mío, eres para mí un ángel bendito que el Señor puso en mi camino. Contigo cerca pude luchar con dignidad, especialmente después de aprender sobre Espiritismo. Detrás de tus ojos sé que también hay una historia de vida y créeme, veo que Dios descansó en tus manos las bendiciones del coraje, el nuevo comienzo y la fe.

Néstor escuchó en silencio aquellas palabras y, buscando inspiración, rompió las cadenas de la timidez y de su propio miedo y dijo:

- Eres una mujer valiosa. Sí, tengo una historia pasada, pero doy gracias a Jesús por la familia que recibí. Me casé con una mujer muy especial, quien me dio dos hijos que hoy están consolidados y siguen sus caminos con mucho éxito. Desafortunadamente, ni yo ni mi esposa esperábamos que el cáncer llegaría silenciosa y rápidamente. En menos de tres meses sucumbió, por lo que la muerte no estuvo ausente en ella.

Desde entonces han transcurrido cinco años. Me dediqué a ciegas a trabajar. Mis hijos casados tenían sus propias vidas y yo no quería sentirme como una carga para ellos. Por eso decidí venir aquí. Me sorprendieron los amigos que hice, Fátima y Ricardo y justo después tú. El Espiritismo tocó mi corazón de manera muy especial. Si no fuera por él, creo que no habría superado una pérdida tan grande.

- Lo importante es que encontraste en la fe la fuerza para continuar – añadió Rita.

Néstor, con los ojos brillantes, no pudo contener su impulso e interrumpió a Rita con el objetivo de no perder el coraje que se apoderaba de su ser:

- Después de haber vivido todos esos momentos difíciles, Dios se apiadó de nosotros y ahora la paz está presente. Desde el día que mis ojos se posaron en ti sentí que mi corazón ya no se comportaba con la misma razón que había desaparecido a lo largo de mis días.

Con respeto te digo: te amo. Sin embargo, créeme, incesantemente le preguntaba al Señor cómo un hombre maduro podía sentir un sentimiento tan noble por alguien. Sentí que estaba engañando a mi esposa. Nunca creí que conocería a alguien que entraría en mi corazón después de la muerte de la madre de mis hijos. Créeme, un milagro puede ocurrir dos veces. Mi esposa fue quien me hizo descubrir el hombre que soy y tú eres quien fortalece mi fe día a día.

Rita se sonrojó. Néstor mantuvo la voz baja, tratando de no molestar al pequeño, quien dormía plácidamente. Mojándose los labios, después de un largo suspiro, continuó:

- Los días fueron pasando, nos acercamos, vivimos hechos que nunca olvidaremos. Y ahora mi corazón descansa en tus manos. Con el debido respeto, simplemente disfrutaré mis días a tu lado y construiré nuestra historia.

- ¡Por Dios! – exclamó Rita –. Después que nos conocimos, lo confieso, nunca estuviste ausente de mis pensamientos. Debido a los hechos de mi vida, oré al Señor para que quitara este sentimiento de mi interior. ¿Cómo podría sentir amor por un hombre, si lo único que tenía en mi vida era falta de respeto y violencia? Sin embargo, demostraste que el amor puede basarse en el respeto y serenidad. Cuando estuve en ese hospital bajo tu cuidado, sentí que el Señor me había bendecido. Me enseñaste lo que significa tener paz, porque nunca había experimentado un sentimiento tan grandioso.

- Créeme – confesó Néstor – tú también estableciste en mi corazón una paz indescriptible, que no puedo omitir. Me devolviste la esperanza y fortaleciste mi fe.

- Confié en Fátima – intervino Rita –, y me dijo que Jesús siempre intercede por quienes luchan sin rendirse y siempre regala a sus soldados un toque de amor y paz. Le dije que Sabrina ya estaba casada y había llegado el momento de permitirme ser feliz. Me resultó difícil aceptar que podía amar y recibir el amor que tanto me privaban. Yo mismo permití tal violencia y también por hechos que no conocemos en nuestras historias.
Estoy lejos de ser una joven enamorada, como tú. Somos personas maduras en busca de la felicidad. Tus palabras son para mí el regalo más precioso que he recibido desde el nacimiento de mi hija.

Rita, buscando fuerza en lo invisible, hizo una pausa y dijo:

– Te amo y pido a Jesús que derrame bendiciones sobre nosotros en nuestras elecciones.

Néstor, con respeto, tomó las manos de Rita y luego de besarlas, la abrazó afectuosamente, sellando, en ese momento, el inicio de una bendita historia de amor para Jesús.

~ O ~

Una semana siguió rápidamente.

Rita y Néstor informaron a Fátima y Ricardo sobre la relación, así como a Sabrina, quien se alegró de ver a su madre por primera vez en paz.

El pequeño llenó los corazones de estos personajes con sorprendente alegría. Día tras día cautivó a todos con sus chistes infantiles e inocentes.

Esa noche, después de cenar, mientras Juan Pedro jugaba en la cuna, Rita lo admiraba, pero no ocultaba su expresión preocupada. Néstor se acercó a ella y, en un gesto afectuoso, apoyó su brazo en su hombro, abrazándola con expresivo amor.

- Entiendo que algo te está molestando. Comparte tus inquietudes conmigo.

- Mi corazón está angustiado – dijo Rita, con visible preocupación –. ¿Cómo será el futuro de este niño, sin nombre paterno?

Néstor no ocultó su sorpresa e intervino:

- ¿Alberto no registró a Juan Pedro?

- Lamentablemente no. Quiero legalizar la adopción. Si él está aquí, haré lo mejor que pueda como lo hice por mi hija. Él es mi hijo que nació de mi corazón. Haré todo lo posible para que reciba educación y mucho cariño, aun así, en el momento oportuno, sabrá que lo adopté por los caminos del amor más sagrado.

Néstor escuchó en silencio esas palabras con respeto. Introspectivo, abrazó a Rita y le dijo:

- Te amo y creo que podemos establecer una relación sólida por nuestras experiencias y nuestra fe, pero, sobre todo, porque nos amamos. Entonces, cásate conmigo, así podremos legalizar la situación de Juan Pedro, que también me preocupa. Podremos vivir juntos y criar a este niño bajo la luz del Señor.

– Por Dios, hace poco viví una gran tiranía en mi vida, ahora, estoy ante ti, a quien Dios envió a mi corazón para suavizar mi existencia. Gracias a Jesús por los días pasados que me hicieron fuerte, pero ahora el Señor me ha regalado contigo. Recibir esta propuesta de matrimonio llena mi corazón de esperanza.

De esta manera, aquellos corazones unidos por el amor sagrado quedaron allí, trazando planes para el día siguiente y definiendo los detalles de la boda.

~ O ~

Los días transcurrieron serenamente para los personajes de esta historia.

Esa noche, como de costumbre, Rita preparó su casa para recibir a sus amigas para compartir juntas el Evangelio en el hogar.

Acomodados en la sala, aquellos corazones estaban rodeados de una atmósfera serena y bendecida. Néstor dirigió con amor la reunión.

Después de la oración realizada por Rita, a Ricardo leyó una página de *El Evangelio según el Espiritismo* y luego Néstor leyó el mensaje de bienvenida:

En la pérdida de un hijo o de un ser querido. Falta de reconocimiento del esfuerzo profesional.

En el humilde techo.

En la privación del plato.

No hay aburrimiento entre chismes y malos consejos.

En la lamentable enfermedad física. En la soledad del corazón.

Ante los golpes de las críticas desalentadoras. En las espinas del abandono.

En el desaliento pesimista.

En la miseria que desgarra el cuerpo. Sin desequilibrio de emociones.

Es fundamental no dejar nunca de soñar.

No simplemente crear fantasías que se pierden en la mente o no despegan, como obras que se diseñan y no se ponen en práctica.

¡Construir! Sin desánimo, un camino de esperanza y comprensión, afirmándose que Dios no creó espíritus inútiles o incapaces de empezar de nuevo.

Deseen y oren sin vacilación en el gesto conmovedor de satisfacer la voluntad de Dios, con un trabajo fecundo y esperanzador. Los errores o aciertos de la vida son el ahora y el ahora es la oportunidad de tener esperanza y empezar de nuevo.[26]

Luego de varios comentarios buscando comprensión, Sabrina, quien permaneció en silencio, esperó el momento oportuno y dijo:

- Adrián y yo estamos muy felices y estamos esperando este momento para compartir esta alegría con ustedes.

La curiosidad no estuvo ausente. Rita acarició cariñosamente el cabello de su hija y quiso saber:

- Entonces, no nos dejes más con tanta ansiedad, cuéntanos: ¿de qué se trata?

– Estoy esperando un hijo.

Lágrimas de felicidad marcaron los rostros de estos personajes. Fátima, acercándose a su hijo, le dio un afectuoso abrazo y el gesto fue repetido por todos.

Fátima, recuperándose, intervino:

– Doy gracias al Señor todos los días de mi vida, mi marido que es para mí la razón de mi vida; mi hijo que ayer se perdió, pero hoy será padre y responsable de esta vida y de las venideras; mi más que amiga, una hermana, Rita, que junto a Néstor inicia una bendita historia y ahora Juan Pedro, que llegó a nosotros a través de líneas inciertas y ahora se ha llevado nuestro corazón con amor. Entonces, ¿de qué deberíamos quejarnos o mirar al pasado? Debemos mantener la confianza y guardar todas nuestras angustias para dar paso a un nuevo comienzo, sin olvidar el agradecimiento.

~ O ~

---

[26] Nota de la médium: La página "Esperanza y Recomenzar" aquí citada, fue publicada en el libro *Cánticos de Luz* por los espíritus Ferdinand, Marcos y Raquel, psicografiado por Gilvanize Balbino.

Mientras tanto, sin ser vistos, Saúl y sus amigos llegaron al final de otra misión más. Había llegado el momento de despedirse y entregar su continuidad de esa ligera asistencia al nuevo equipo que asumiría con amor el apoyo de esos corazones.

Entre grandes muestras de reconocimiento y cariño, los nuevos guardianes de la luz abrazaron a Saúl con gran respeto y amor, además de escuchar las recomendaciones de aquel experimentado buen trabajador. Mientras tanto, Ambrosio, con cariño, se acercó a Juan Pedro y se hizo visible. El niño cuando lo vio extendió los brazos con una gran sonrisa adornando su rostro. Sin que nadie se diera cuenta que el pequeño podía ver ese corazón radiante, pensaron que era solo una broma como tantas otras.

Fernando con respeto e irradiando amor, junto con Débora y Saúl, parecían ángeles bienaventurados y unidos y, para mayor propósito de Dios, oró:

– "Señor Jesús,

Ante los obstáculos de la vida, todavía nos encontramos ensordecidos, mudos y ciegos.

Caminamos débilmente con el pecho aplastado por el egoísmo, alimentado por nuestra ignorancia.

Contamos los días pasados y nos olvidamos de vivir el presente, construyendo hoy lo mejor para nuestro futuro.

Con la mirada puesta en nosotros mismos, ignoramos el Sol que despierta cada mañana con serenidad, a pesar de traer consigo el volcán vivo de su naturaleza. Dudamos de su ayuda, pero Señor permaneces siempre a nuestro lado con bondad, transformando nuestras ilusiones en un trabajo consistente y seguro.

Ante tu compasión alcanzamos la victoria y ante tu misericordia tocamos los cielos sin olvidar las responsabilidades que coronan nuestra vida en los caminos del mundo, aunque parezcan arduos y difíciles.

Llevaremos con nosotros la certeza que la gloria de su sabiduría trazará los caminos de nuestra vida y que los vientos del desaliento, del desánimo o del tormento no podrán destruir nuestra fe, nuestro trabajo y nuestras esperanzas."

~ O ~

Mientras esos corazones seguirían compartiendo esperanzas y detallando sueños y logros para el futuro, estamos llegando al final de este conjunto de experiencias presentadas en esta historia real, para estos especiales y notables personajes.

Para ti, querido lector, hemos dejado las siguientes páginas en blanco para que puedas detenerte un momento, reflexionar y reconstruir tu mundo interior y exterior; dibujando con las pinturas del amor un nuevo horizonte para tu vida. En esta invitación aprovecha estos momentos de reflexión para revisar tu conducta, pensar en el perdón e invitar a nuevos personajes para ser parte de tu existencia. Sin embargo, es importante recordar que el hijo de Dios que camina a tu alrededor también es un mundo privado, lleno de alegrías, tristezas, logros o derrotas, pero es posible reescribir o crear un mundo nuevo que respete la individualidad y el momento de cada ser y así viva en armonía y paz en un mundo único para todos nosotros."[27], [28]

Fin

---

[27] Nota del Autor Espiritual (Saúl): Las notables historias de muchos personajes de esta novela fueron narradas con excelencia por las manos de mis amigos Ferdinand y Bernard en el libro *El símbolo de la vida*.

[28] La mayoría de los personajes de esta historia vivieron en la época en que transcurrieron los episodios narrados en *El Símbolo de la Vida*, de los espíritus Ferdinand y Bernard, psicografiados por Gilvanize Balbino en el 2015

La Ciudad de Jade[29]

Entre otras innumerables Colonias espirituales, una en particular llamó la atención: fue la Ciudad de Jade, creada alrededor del año 220 a.C. con el objetivo de acoger a aquellos que habían sido seguidores de Jesucristo y que fueron elegidos para preparar su venida a la Tierra y, más tarde, por los que fueron condenados a las torturas de la persecución religiosa.

Esta ciudad fue diseñada, en principio, como una estación transitoria que permitiera a emisarios de mundos superiores que reencarnaran con el propósito de prepararse para la venida de Jesús, allí podrían aclimatarse a la atmósfera terrestre.

Hacia el año 170 d.C. dejó de ser solo una estación y se estableció como ciudad, ya que con el avance del cristianismo muchos emisarios de Jesús necesitaban regresar a la Tierra, por lo que Jade era importante para esta preparación y para que pudiese brindar la asistencia necesaria a todos los involucrados en esta gran obra de la cual Cristo era responsable.

Fue reconocida por su incansable labor durante el período de persecución a los cristianos, alrededor del año 300 d.C., donde hombres y mujeres, por orden de Jesús, fueron acogidos en esa parte del corazón de Dios y luego trasladados a otras ciudades que son mucho más evolucionados y desprendidos de la Tierra.

En el año 1180 d.C., cuando el planeta inició sus primeros esfuerzos para organizar la Santa Inquisición, tuvo gran importancia al acoger a muchas personas inocentes que sintieron el peso de las sentencias inquisitoriales. También fue en esta Colonia donde muchos de los enviados de Jesús prepararon sus

---

[29] Nota de la médium: los detalles de la Ciudad de Jade fueron reportados en los libros *Los Ángeles de Jade y Un amanecer para comenzar de nuevo*, por el espíritu Saúl, psicografiado por Gilvanize Balbino, así como en *Solo para que construyas un nuevo camino*.

reencarnaciones para combatir el mundo despiadado que se estaba instaurando en la Tierra, ordenado por los tribunos católicos.

Se encuentra ubicada en el mismo sistema solar formado por el Sol y su conjunto de cuerpos celestes del que forma parte la Tierra. La Ciudad de Jade está situada en Europa, entre el este de España y el sur de Francia, entre el oeste de Italia y el norte del continente africano. En el mundo espiritual se coloca cerca de un campo de salida de la corteza[30] del umbral para una capa más sutil, dirigida a las Artes, las Culturas y las Ciencias.

Jade está estructurado para recibir e incluso propiciar las reencarnaciones necesarias. Sus núcleos son edificios construidos con un material similar a las piedras de la Tierra, entre otros: mármol, turquesa, ágata azul, amatista, del color de las turmalinas.

Estos centros dividen las funciones, entre otras, administrativas, artes, laboratorios, ciencias, filosofía, música, departamento de reencarnación, instrucción, atención a los recién llegados mediante asistencia hospitalaria y oración.

De todos los lugares especiales de Jade, el que más llama la atención: el jardín y su plaza central donde, una vez al día todos se reúnen para orar por las personas que son hijos de Dios.

---

[30] Nota del Autor Espiritual (Saúl): una especie de punto de 'intersección' entre las dos esferas del mundo espiritual.

Nota de la médium: son puntos en los que se tocan dos esferas cercanas. Extracto del libro Ciudad en el Más Allá de Francisco C. Xavier y Heigorina Cunha por los espíritus André Luiz y Lucius – Editora IDE, São Paulo, 331ª Edición, junio 2007.

Todo sobre el Pase

Consejos para recibirlo y beneficiarse de las vibraciones de la espiritualidad superior[31]

> *"Y él rogaba mucho, diciendo: Mi madre se está muriendo; te ruego que vengas y le impongas las manos para que pueda sanar y vivir."*
>
> Marcos, 5:23

¿Sabes qué es el pase?

Fue Jesús quien nos enseñó a imponer manos sobre los enfermos y necesitados y a orar por ellos, para que se beneficien.

Entre nosotros, seguidores de Allan Kardec, la imposición de manos a una persona con la intención de aliviar sufrimiento, curarla de alguna enfermedad, o simplemente el fortalecimiento de la mente se conoce como pase.

El pase es un intercambio de energías físicas y espirituales y es uno de los métodos utilizados en los Centros Espíritas para aliviar o curar el sufrimiento de las personas. Cuando se administra con fe, el pase es capaz de producir verdaderas maravillas. Su objetivo es reequilibrar el cuerpo físico y espiritual.

---

[31] Los textos de los ítems 1 a 7 fueron adaptados del libro *Fluidos y Pases*, Colección Estudios y Cursos, Editora Allan Kardec.

Prepárate para recibir el pase

La puntualidad es un factor importante, siempre trate de llegar a la institución con anticipación para evitar llega al lugar ansioso y en mayor desequilibrio.

Cuando vayas a una institución pública a recibir tu pase, ponte cómodo.

Mantén la calma y piensa en Jesús, porque cuando el corazón está turbado, resulta difícil actuar según el pase.

No cruces los brazos ni las piernas. Apoya las manos sobre las rodillas. De esta forma el cuerpo queda bien acomodado y la circulación sanguínea es libre y perfecta.

Respira profunda y tranquilamente, esto aliviará la tensión muscular.

Nota: las conferencias que preceden al pase son momentos preciosos de instrucción y representan el cincuenta por ciento de la asistencia espiritual. Por eso, intenta siempre prestar la mayor atención posible.

La Fe es necesaria

Para atraer y retener las fuerzas espirituales que serán derramadas en nosotros, cada uno necesita estar interesado y tener confianza.

Si no quieres ponerte en ese estado de ánimo favorable, en raras ocasiones, te resultará difícil obtener la bendición que buscas, porque la incredulidad es una barrera para las acciones de aquellos espíritus a nuestro favor.

Jesús siempre decía, cuando alguien, por medio de él, obtenía una bendición: "Ve, tu fe te ha salvado." Y, de hecho, la misericordia divina está siempre dispuesta. Nos está ayudando, dependiendo de nuestra fe.

Por lo tanto, ora fervientemente, en silencio, mientras recibe el pase.

El Merecimiento

El resultado dependerá no solo de la fe, sino también del mérito o necesidad de cada uno.

Actitud hacia los pasadores

No hables con el pasista durante el pase.

El silencio es importante para la concentración.

Todos los pasistas están bien apoyados espiritualmente. Por esa razón, da igual si das un pase con éste o aquel.

Procura mantener tus pensamientos en oración, pues de las manos del Señor siempre vendrá la ayuda a tu favor.

¿Qué puedes sentir durante el pase?

Durante el pase, generalmente te sentirás bien.

Sentirás, alivio y sensación de vigor.

Cualquier malestar es temporal.

Tampoco es el momento para que te vuelvas mediúmnicos, este no es el momento para las comunicaciones. Si eres médium, intenta controlar tu mediumnidad.

Al final del pase

Da gracias a Dios por los beneficios recibidos.

El pase es una donación de energía. Alguien tuvo que renunciar a algo de sí mismo para que tú lo recibieras. Este recurso divino no puede utilizarse sin responsabilidad.

La asistencia espiritual no prescinde, bajo ninguna circunstancia, del tratamiento médico, por lo tanto, no suspendas la medicación sin autorización de tu médico.

El medicamento indicado por la medicina no interfiere con la asistencia espiritual.

El Pase[32]

"Él tomó sobre sí nuestras enfermedades y llevó nuestros dolores."

Mateo, 8:17

"Amigo mío, el paso y la transfusión de energías físico psíquicas, una operación de buena voluntad, dentro de la cual el compañero del bien se entrega a sí mismo para tu beneficio.

Si la enfermedad, la tristeza y la amargura son restos de nuestras imperfecciones, errores y excesos, es importante considerar que, al servicio del pase, tus mejoras resultan del intercambio de elementos vivos y activos.

Traes escombros y aflicciones y alguien te da nuevos recursos y bálsamos reconfortantes.

En el clima de prueba y de amor, el amigo se convierte en instrumento de la bondad infinita, para que reciba medicina y asistencia.

Ayuda a la labor de ayudarte a ti mismo con el esfuerzo de limpieza interna.

Olvida los males que te molestan, perdona las ofensas de las criaturas que no te comprenden, escapa del desaliento destructivo y llénate de simpatía y comprensión hacia todos los que te rodean.

---

[32] Mensaje psicografiado por Francisco C. Xavier por el espíritu Emmanuel.

El mal es siempre ignorancia y la ignorancia siempre reclama perdón y ayuda para que llegue a su fin en favor de nuestra propia tranquilidad.

Si se pretende, por tanto, preservar las ventajas del país, es necesario que, en sustancia y acto sublime de fraternidad cristiana, purifique el sentimiento y el razonamiento, el corazón y el cerebro.

Nadie arroja alimentos esenciales en un recipiente inmundo.

No lo fuerces, especialmente aquellos que te ayudan. No ocupes el lugar de los verdaderamente necesitados, es solo porque tus caprichos y sentimientos personales se sienten ofendidos.

El pase también expresa el gasto de fuerzas y no debes provocar el gasto de energías desde Arriba, con puerilidades y nimiedades.

Si necesitas una intervención similar, recopila tu buena voluntad, centra tus expectativas en las fuentes cuerpos celestes de suministro divino, humíllate, preservando la receptividad edificante, enciende tu corazón con confianza positiva y, recordando que alguien llevará el peso de tus aflicciones, rectifica tu camino, considerando también el sacrificio incesante de Jesús por todos nosotros, porque, según las letras sagradas, *Él tomó sobre Sí nuestras enfermedades y llevó nuestras dolencias."*

Índice Bíblico[33]

Nueva reunión – KARDEC, Allan. *El Libro de los Espíritus*. Federación Brasileña de Espíritu (FEB). Río de Janeiro: 1995 – pregunta 200

1 – Marcos, 2:16– 17

2 – Marcos, 2:5, KARDEC, Allan. *El Libro de los Espíritus*. Federación Brasileña de Espíritu (FEB). Río de Janeiro: 1995 – pregunta 1

3 - Marcos, 12:36,

4 - Marcos, 12:32– 33 y KARDEC, Allan. *El Evangelio según el Espiritismo*. Federación Brasileña de Espíritu (FEB). Río de Janeiro: 1996– Capítulo XIV – puntos 8 y 9

5 - Marcos, 13:19, Marcos, 3:12, Marcos: 12:31, 1 Corintios: 1 al 23 y Juan VIII: 3 al 11

6 – Marcos, 4:21

7 – Marcos, 4:31– 32

8– Marcos, 2:14

9 – Marcos, 4:9

10 – Marcos, 4:29

11– Marcos, 4:10– 11, 1 Corintios 6:12, Marcos, 12:30– 31 y Lucas, 12:15

12 – Marcos, 4:40

---

[33] Nota aclaratoria de la médium: todos los textos bíblicos fueron tomados de *La Biblia de Jerusalén*, nueva edición revisada y ampliada. Paulus, São Paulo, 2002

13 - Marcos, 2:9

14 - Marcos, 3:27

15 - Marcos, 2:21 y Mateo, 5:5, 6 y 10

16 – Marcos, 9:23– 24

17– Marcos, 2:22 y KARDEC, Allan. *El Evangelio según el Espiritismo.* Federación Espírita Brasileña (FEB). Río de Janeiro: 1996 – Capítulo XXI– I Separarás lo que Dios ha unido – Tema 5

18 – Marcos, 4:24– 25

19 – Marcos, 4:20

20 – Marcos, 13:37

21 – Marcos, 14:21

22 – Marcos, 9:39– 40

23 – Marcos, 10:27

Todo sobre el Pase – Marcos, 5:23

El pase – Mateo 8:17

La enfermedad de Alzheimer[34]

Es una enfermedad incurable que empeora con el tiempo, pero puede y debe tratarse. Casi todas sus víctimas son personas mayores. Quizás por esta razón la enfermedad ha pasado a denominarse erróneamente "esclerosis" o "decaimiento."

La enfermedad se presenta como demencia o pérdida de funciones cognitivas (memoria, orientación, atención y lenguaje), provocada por la muerte de las células cerebrales. Cuando se diagnostica a tiempo, es posible retrasar su progresión y tener un mayor control sobre los síntomas, garantizando una mejor calidad de vida para el paciente y la familia.

Su nombre oficial hace referencia al médico Alois Alzheimer, el primero en describir la enfermedad, en 1906. Estudió y publicó el caso de su paciente Auguste Deter, una mujer sana que, a los 51 años, desarrolló un cuadro de pérdida progresiva de memoria, desorientación, trastorno del lenguaje (con dificultad para comprenderse y expresarse), incapacidad para cuidar de sí misma. Tras la muerte de Auguste, a la edad de 55 años, el Dr. Alzheimer examinó su cerebro y describió los cambios que hoy se conocen como características de la enfermedad.

No se sabe por qué se produce la enfermedad de Alzheimer, pero sí se conocen algunas lesiones cerebrales características de esta enfermedad. Los dos principales cambios que aparecen son las placas seniles resultantes del depósito de proteína beta– amiloide, producida de forma anormal, y los ovillos neurofibrilares,

---

[34] Fuente: www.abraz.org.br Consultado por última vez el 16/09/16.

resultantes de la hiperfosforilación de la proteína tau. Otro cambio observado es la reducción del número de células nerviosas (neuronas) y de las conexiones entre ellas (sinapsis), con una reducción progresiva del volumen cerebral.

Estudios recientes demuestran que estos cambios cerebrales ya estarían instalados antes de la aparición de los síntomas de la demencia. Por tanto, cuando aparecen manifestaciones clínicas que permiten establecer el diagnóstico, se dice que ha comenzado la fase demencia de la enfermedad.

Las pérdidas neuronales no se producen de forma homogénea. Las áreas más comúnmente afectadas son las células nerviosas (neuronas), responsables de la memoria y las funciones ejecutivas que implican planificar y ejecutar funciones complejas. Otras áreas tienden a ser afectadas más tarde, lo que aumenta las pérdidas.

Se estima que en el mundo hay alrededor de 35,6 millones de personas con Alzheimer. En Brasil hay alrededor de 1,2 millones de casos, la mayoría de los cuales aun no están diagnosticados.

Demencia

La demencia es una enfermedad mental caracterizada por un deterioro cognitivo que puede incluir cambios en la memoria, desorientación en relación con el tiempo y el espacio, razonamiento, concentración, aprendizaje, realización de tareas complejas, juicio, lenguaje y habilidades visuales – espaciales. Estos cambios pueden ir acompañados de cambios en el comportamiento o la personalidad (síntomas neuropsiquiátricos). Las deficiencias interfieren necesariamente con la capacidad para trabajar o realizar actividades habituales, representan una disminución en relación con los niveles anteriores de funcionamiento y rendimiento y no son explicables por otras enfermedades físicas o psiquiátricas. Muchas enfermedades pueden causar demencia. Entre las diversas causas conocidas, el Alzheimer es la más común.

¿Cuáles son los signos de la enfermedad de Alzheimer?

Un paciente con Alzheimer puede presentar:

- Pérdida de la memoria reciente con repetición de las mismas preguntas o los mismos temas.
- Olvidar eventos, citas o dónde guardabas sus pertenencias.
- Dificultad para percibir una situación de riesgo; cuidar de su propio dinero y de sus bienes personales; para tomar decisiones y planificar actividades más complejas.
- Dificultad para orientarse en el tiempo y el espacio.
- Incapacidad para reconocer rostros u objetos comunes y es posible que no pueda reconocer personas conocidas.
- Dificultad para manipular utensilios; para vestirse; y en actividades que impliquen el autocuidado.
- Dificultad para encontrar y/o comprender palabras, cometiendo errores al hablar y escribir.
- Cambios de comportamiento o personalidad: puede volverse agitado, apático, desinteresado, aislado, desinhibido, inadecuado e incluso agresivo.
- Interpretaciones delirantes de la realidad, siendo habituales síntomas paranoicos al pensar que alguien está siendo asaltado, perseguido o engañado; olvidar lo sucedido o lo acordado puede contribuir a esta situación.
- Pueden producirse alucinaciones visuales (ver lo que no está) o auditivas (escuchar voces), siendo más frecuentes desde la mitad hasta el final del día.

- Puede producirse cambio de apetito con tendencia a comer en exceso o, por el contrario, disminución del hambre.
- Agitación nocturna o insomnio con el cambio del día por la noche.

Los síntomas no son los mismos para todos los pacientes con demencia, incluso cuando la causa de la demencia es la misma. No todos los síntomas aparecen en todos los pacientes. como una enfermedad.

Durante su curso progresivo, el cuadro clínico del paciente con demencia sufre cambios. A medida que avanza la enfermedad, aparecen nuevos síntomas o los síntomas existentes empeoran.

Otras demencias

Además de la enfermedad de Alzheimer, existen muchos otros tipos de demencia.

Demencia vascular

Puede considerarse la segunda causa más importante de demencia. La demencia vascular es causada por lesiones cerebrales de origen vascular y las manifestaciones crónicas dependen de la ubicación y el número de lesiones cerebrales. Las lesiones cerebrovasculares pueden presentarse como infartos silenciosos, que no resultan en un ataque clínicamente reconocido, y como accidentes cerebrovasculares, conocidos popularmente como ictus.

Los factores de riesgo son: hipertensión arterial, diabetes mellitus, hipercolesterolemia, enfermedades cardiovasculares, fibrilación auricular, tabaquismo, trombosis, abuso de alcohol y factores genéticos.

Demencia con cuerpos de Lewy

Provocada por la presencia de cambios cerebrales llamados cuerpos de Lewy. Los criterios para el diagnóstico clínico de la enfermedad incluyen demencia con síntomas de la enfermedad de

Parkinson (rigidez muscular, movimientos más lentos; los temblores son más raros); alucinaciones visuales (ver cosas que no existen, generalmente personas, animales, objetos y niños) y síntomas fluctuantes a lo largo del día. Los síntomas parkinsonianos y las alucinaciones ocurren en la etapa inicial, cuando es posible que no se produzcan cambios importantes en la memoria.

Otras características de la enfermedad incluyen caídas repetidas, desmayos, delirio (creer en cosas que no existen), otras formas de alucinaciones (auditivas, oír cosas que no existen) y una sensibilidad significativa, con reacciones adversas intensas, al uso de medicamentos para el delirio y alucinaciones (antipsicóticos).

Demencia en la enfermedad de Parkinson

Alrededor del 40% de los pacientes con enfermedad de Parkinson pueden desarrollar demencia. También es causada por la presencia de cuerpos de Lewy, pero están presentes en diferentes lugares del cerebro. Para este diagnóstico es necesario que la condición mental se presente después de un año del inicio de la enfermedad de Parkinson. Si la demencia ocurre menos de un año después de la aparición de los síntomas del Parkinson, la principal hipótesis élfica es la demencia por cuerpos de Lewy. La atención es una de las funciones más deterioradas. La memoria también puede verse afectada, pero en un grado menos intenso que el observado en la enfermedad de Alzheimer.

Otra capacidad muy comprometida es la de planificar, organizar y regular la conducta motora (función ejecutiva). También son comunes la depresión y las alucinaciones visuales (ver animales, personas).

Demencia frontotemporal

Condición caracterizada por el deterioro de la personalidad y la cognición. El cambio típico en el examen de neuroimagen es la reducción de las regiones frontal y dorsal del cerebro. Los cambios de comportamiento son más importantes que los problemas de memoria y orientación.

Los cambios pueden incluir: desinhibición, impulsividad, inquietud, pérdida del juicio, fluctuación emocional, apatía, desinterés, pérdida de motivación, aislamiento, sentimentalismo excesivo, hipocondría, comportamiento exaltado, llanto con facilidad, risa inapropiada, irritabilidad, comentarios sexuales inapropiados, actos indecentes, Comportamientos muy inadecuados como orinar en público, cambios importantes en los hábitos alimentarios (por ejemplo, preferencia por los dulces), abandono de la higiene personal.

Los cambios cognitivos son menos evidentes que en la enfermedad de Alzheimer y ocurren aproximadamente dos años después del inicio de los cambios de comportamiento. La ansiedad y la depresión son comunes. El paciente puede presentar actos violentos, malas conductas que no presentaba antes de la enfermedad.

Factores de riesgo

La edad es el principal factor de riesgo para el desarrollo de demencia por enfermedad de Alzheimer (EA). A partir de los 65 años, el riesgo de desarrollar la enfermedad se duplica cada cinco años.

Las mujeres parecen tener un mayor riesgo de desarrollar la enfermedad, pero quizás esto se deba a que viven más que los hombres. Los familiares de pacientes con EA tienen un mayor riesgo de desarrollar esta enfermedad en el futuro, en comparación con personas sin familiares con Alzheimer. Sin embargo, esto no significa que la enfermedad sea hereditaria.

Aunque la enfermedad no se considera hereditaria, hay casos, especialmente cuando la enfermedad tiene inicio antes de los 65 años, en el que la herencia genética es importante. Estos casos corresponden al 10% de pacientes con enfermedad de Alzheimer.

Las personas con antecedentes de actividad intelectual compleja y alta educación tienden a desarrollar los síntomas de la enfermedad en una etapa más avanzada de atrofia cerebral, ya que es necesaria una mayor pérdida de neuronas para que se presenten los síntomas de la demencia cuando empieza a aparecer. Por tanto, una forma de ralentizar el proceso de la enfermedad es la estimulación cognitiva y diversos a lo largo de la vida.

Otros factores importantes se refieren al estilo de vida. Se consideran factores de riesgo: hipertensión, diabetes, obesidad, tabaquismo y sedentarismo. Estos factores relacionados con los hábitos se consideran modificables. Algunos estudios indican que si se controlan pueden retrasar la aparición de la enfermedad.[35]

---

[35] Si quieres profundizar en el conocimiento de la enfermedad no dejes de leer el texto escrito por Katia Mello y Martha Mendonga para la revista *Epoca*
URL: http://revistaepoca.globo.com/Revista/Epoca/0,,EDR79465-8055,00.html; consultado por última vez el 16/09/16.

Grandes Éxitos de Zibia Gasparetto

Con más de 20 millones de títulos vendidos, la autora ha contribuido para el fortalecimiento de la literatura espiritualista en el mercado editorial y para la popularización de la espiritualidad. Conozca más éxitos de la escritora.

Romances Dictados por el Espíritu Lucius

La Fuerza de la Vida

La Verdad de cada uno

La vida sabe lo que hace

Ella confió en la vida

Entre el Amor y la Guerra

Esmeralda

Espinas del Tiempo

Lazos Eternos

Nada es por Casualidad

Nadie es de Nadie

El Abogado de Dios

El Mañana a Dios pertenece

El Amor Venció

Encuentro Inesperado

Al borde del destino

El Astuto

El Morro de las Ilusiones

¿Dónde está Teresa?

Por las puertas del Corazón

Cuando la Vida escoge

Cuando llega la Hora

Cuando es necesario volver

Abriéndose para la Vida

Sin miedo de vivir

Solo el amor lo consigue

Todos Somos Inocentes

Todo tiene su precio

Todo valió la pena

Un amor de verdad

Venciendo el pasado

Otros éxitos de Andrés Luiz Ruiz y Lúcio

Trilogía El Amor Jamás te Olvida

La Fuerza de la Bondad

Bajo las Manos de la Misericordia

Despidiéndose de la Tierra

Al Final de la Última Hora

Esculpiendo su Destino

Hay Flores sobre las Piedras

Los Peñascos son de Arena

Otros éxitos de Gilvanize Balbino Pereira

Linternas del Tiempo

Los Ángeles de Jade

El Horizonte de las Alondras

Cetros Partidos

Lágrimas del Sol

Salmos de Redención

Libros de Eliana Machado Coelho y Schellida

Corazones sin Destino

El Brillo de la Verdad

El Derecho de Ser Feliz

El Retorno

En el Silencio de las Pasiones

Fuerza para Recomenzar

La Certeza de la Victoria

La Conquista de la Paz

Lecciones que la Vida Ofrece

Más Fuerte que Nunca

Sin Reglas para Amar

Un Diario en el Tiempo

Un Motivo para Vivir

¡Eliana Machado Coelho y Schellida, Romances que cautivan, enseñan, conmueven y
pueden cambiar tu vida!

Romances de Arandi Gomes Texeira y el Conde J.W. Rochester

El Condado de Lancaster

El Poder del Amor

El Proceso

La Pulsera de Cleopatra

La Reencarnación de una Reina

Ustedes son dioses

Libros de Marcelo Cezar y Marco Aurelio

El Amor es para los Fuertes

La Última Oportunidad

Nada es como Parece

Para Siempre Conmigo

Solo Dios lo Sabe

Tú haces el Mañana

Un Soplo de Ternura

Libros de Vera Kryzhanovskaia y JW Rochester

La Venganza del Judío

La Monja de los Casamientos

La Hija del Hechicero

La Flor del Pantano

La Ira Divina

La Leyenda del Castillo de Montignoso

La Muerte del Planeta

La Noche de San Bartolomé

La Venganza del Judío

Bienaventurados los pobres de espíritu

Cobra Capela

Dolores

Trilogía del Reino de las Sombras

De los Cielos a la Tierra

Episodios de la Vida de Tiberius

Hechizo Infernal

Herculanum

En la Frontera

Naema, la Bruja

En el Castillo de Escocia (Trilogía 2)

Nueva Era

El Elixir de la larga vida

El Faraón Mernephtah

Los Legisladores
Los Magos
El Terrible Fantasma
El Paraíso sin Adán
Romance de una Reina
Luminarias Checas
Narraciones Ocultas
La Monja de los Casamientos

Libros de Elisa Masselli
Siempre existe una razón
Nada queda sin respuesta
La vida está hecha de decisiones
La Misión de cada uno
Es necesario algo más
El Pasado no importa
El Destino en sus manos
Dios estaba con él
Cuando el pasado no pasa
Apenas comenzando

**Libros de Vera Lúcia Marinzeck de Carvalho
y Patricia**

Violetas en la Ventana

Viviendo en el Mundo de los Espíritus

La Casa del Escritor

El Vuelo de la Gaviota

**Vera Lúcia Marinzeck de Carvalho
y Antônio Carlos**

Amad a los Enemigos

Esclavo Bernardino

la Roca de los Amantes

Rosa, la tercera víctima fatal

Cautivos y Libertos

Libros de Mónica de Castro y Leonel

A Pesar de Todo

Con el Amor no se Juega

De Frente con la Verdad

De Todo mi Ser

Deseo

El Precio de Ser Diferente

Gemelas

Giselle, La Amante del Inquisidor

Greta

Hasta que la Vida los Separe

Impulsos del Corazón

Jurema de la Selva

La Actriz

La Fuerza del Destino

Recuerdos que el Viento Trae

Secretos del Alma

Sintiendo en la Propia Piel

Otros Libros de Valter Turini y Monseñor Eusébio Sintra

Isabel de Aragón, La reina médium

El Monasterio de San Jerónimo

El Pescador de Almas

La Sonrisa de Piedra

Los Caminos del Viento

Si no te amase tanto...

World Spiritist Institute

www.ingramcontent.com/pod-product-compliance
Lightning Source LLC
LaVergne TN
LVHW041757060526
838201LV00046B/1034